守根护脉

浙江工业大学基层党建创新与实践

浙江省普通高校党建研究专业委员会

浙江工业大学党委组织部 编

金晓明 主编

浙江工商大学出版社

ZHEJIANG GONGSHANG UNIVERSITY PRESS

·杭州·

图书在版编目（CIP）数据

守根护脉：浙江工业大学基层党建创新与实践 / 浙江省普通高校党建研究专业委员会，浙江工业大学党委组织部编；金晓明主编. -- 杭州：浙江工商大学出版社，2024.8（2025.1重印）. -- ISBN 978-7-5178-6209-3

Ⅰ. D267.6

中国国家版本馆 CIP 数据核字第 20243YB589 号

守根护脉：浙江工业大学基层党建创新与实践
SHOU GEN HU MAI：ZHEJIANG GONGYE DAXUE JICENG DANGJIAN CHUANGXIN YU SHIJIAN

浙江省普通高校党建研究专业委员会　浙江工业大学党委组织部 编
金晓明 主编

责任编辑	王黎明
责任校对	胡辰怡
封面设计	尚阅文化
责任印制	蔡海东
出版发行	浙江工商大学出版社
	（杭州市教工路 198 号　邮政编码 310012）
	（E-mail：zjgsupress@163.com）
	（网址：http://www.zjgsupress.com）
	电话：0571-88904980，88831806（传真）
排　版	杭州浙信文化传播有限公司
印　刷	杭州捷派印务有限公司
开　本	710 mm×1000 mm　1/16
印　张	11.75
字　数	124 千
版 印 次	2024 年 8 月第 1 版　2025 年 1 月第 3 次印刷
书　号	ISBN 978-7-5178-6209-3
定　价	64.00 元

序　言

习近平总书记主政浙江期间曾对浙江工业大学作出重要指示："积极发挥自身的学科优势和人才智力优势，努力把学校建设成为各类优秀人才的培养基地和工程科学技术的研究开发基地，为加快浙江全面建设小康社会、提前基本实现现代化作出新的更大贡献。"浙江工业大学党委始终牢记习近平总书记的嘱托，着力将党的政治优势、组织优势转化为事业发展优势，不断健全"抓院促系，整校建强"的党建工作格局，以高质量党建引领学校事业高质量发展。

勇立潮头，奋勇争先。新时代以来，浙江工业大学党委坚持守正创新，基层党建工作呈现三个阶段性特征。一是2012年至2018年基层党建"自发创新"阶段，重点强化基层党建特色品牌创建，先后形成"党员领航工程""先锋领航计划""7号室友计划"等特色党建品牌。二是2018年至2022年基层党建"对标创新"阶段，重点对标教育部党建示范创建和质量创优工作要求，开展基层党组织标准化建设。学校共有16个组织或先进个人入选教育部"双创"项目，有34个组织或先进个人入选省"双创"

项目，47% 的二级学院入选省级及以上党建工作标杆院系，近 8 成二级学院获批省级及以上党建"双创"项目。三是 2022 年以来基层党建"体系创新"阶段，重点强化党建事业融合发展。学校坚持将基层党建与基层治理、科学研究、人才培养和队伍建设深度融合。其中，学校作为全国党员队伍分类管理试点单位，工作经验获中组部《组工通讯》刊发推介。

"一花独放不是春，百花齐放春满园。"为进一步做好新时代高校基层党建工作，现遴选出一批创新性强、可行性好、推广性高的基层党建工作成果，汇编成书。全书分为四个篇章。一是"党旗引航"，阐述学校基层组织将党建与事业发展深度融合，以高质量党建引领高质量发展的方法路径；二是"党员领航"，包含党员分层分类管理、党员队伍建设案例；三是"联建助航"，介绍校企地共同体建设、党建联建、党建共建工作；四是"强基护航"，论述学校基层组织体系、制度体系和工作机制建设。

高校基层党建是新时代党的建设新的伟大工程的重要组成部分，是建设教育强国的重要阵地、立德树人的关键环节、推动事业发展的基本单元。希望能借此书的出版，与大家交流经验，汇集众智，为高校基层党建工作提供有益借鉴，为高质量党建引领高等教育事业高质量发展略尽绵薄之力。

蔡袁强

2024 年 8 月

目　录

党旗引航

全面推进高校党建"四个融合"　　003

奋力谱写"两个基地"建设新篇章　　009

扎根科学沃土为国育才
　　——浙江工业大学推动基层党建高质量发展纪实　　014

着力推动学校党建与事业发展深度融合　　018

"四融四化"推动基层党建与事业融合发展　　024

守好一段渠　解决"两张皮"　　028

"四位一体"锻造样板　"五同党建"促育人才　　031

坚持党建引领　打造党建事业融合促进的战斗堡垒　　036

以"三领三强"践行初心使命　　040

以党建为引领，培养研究生学术志趣　　044

党员领航

浙江工业大学党员领航工程　　051

探索"5＋5＋X"模式　全面推进党员队伍分类管理　　056

浙江工业大学"暖流计划"推动学习弘扬雷锋精神走深走实　　060

坚持以"入党是最大的思政教育"理念推动高校党校变革重塑　　063

科学构建导师制体系　保障大学生"三会一课"质量　　066

弘扬党建"工匠精神"　抓实支部班子建设　　069

"学生党员领航工程"
　　　　——基于"五维联动"的党建育人长效工作机制探索　　074

二十载坚守初心　不遗余力答疑解惑　　080

党员先锋　精英领航
　　　　——实施"7号室友"计划，发挥党建龙头作用　　084

联建助航

构建高能级科创平台与产业经济发展、双向赋能的"工大样板"　　089

"党建共同体"推动党建与事业紧密融合　　094

党建联盟助力院企绿色发展　　098

党建联建有组织科研，聚力攻关"卡脖子"技术　　104

以党建联建建设，绘制校企融合"同心圆"　　107

打造"党建共同体"，实现党建与事业融合发展　　111

打造工大—龙游食品产业共富联盟，跑出共同富裕的"加速度"　　116

"校园石榴籽驿站"助推高校民族团结进步　　120

党建引领聚合力，校地共育优质人才   125

警校共建固堡垒　平安建设争先锋   129

校地党建联建，共助乡村产业振兴   133

强基护航

抓深做实"循迹溯源学思想促践行"，引导党员干部对标践行实干争先

    139

学思用贯通　知信行统一

    ——浙江工业大学"理论铸魂"工程   145

实施"支部建设提升行动"，全面激活基层"神经末梢"   148

构建"三大指数"体系，筑牢基层战斗堡垒   153

"三个力"推动新时代高校机关党建"走在前、作表率"   157

科学构建"党性体检"指标体系　精准增强"基层党建"工作体质 161

"1512"党建模式增强基层组织政治功能   166

实施"六大行动"，打造"三品"党建   171

党建引领，课程思政发力，筑牢意识形态前沿阵地   176

后　记   180

党 旗 引 航

　　坚持把党的领导落实到办学治校全过程的各方面，促进高校党建与人才培养、科学研究、社会服务等深度融合，以高质量党建引领事业高质量发展，切实提升党建"融合力"。

全面推进高校党建"四个融合"

浙江工业大学党委　蔡袁强

高校是培养社会主义建设者和接班人的重要阵地，高校党建是新时代党的建设新的伟大工程的重要组成部分。党的十八大以来，以习近平同志为核心的党中央高度重视高校党的建设工作，作出了一系列重要部署，强调"加强党对教育工作的全面领导，是办好教育的根本保证"。做好高校党建工作，应全面实施"四个融合"行动，即推动党建与教育事业、师生需求、属地党建相融合，与高校内部党建工作体系相融合，促进高校党组织更好融入并统领治理架构，推动党建与高校事业发展互促互进。

一、坚持融入事业，提升党建"统合力"

党的领导是全面的、系统的、整体的。高校党委领导学校改革发展的全局，要着力提升把方向、谋大局、定政策、促改革的能力和定力。

突出"政治建设"这一根本性建设。高校的党的政治建设既要牢牢坚持社会主义办学方向，坚定不移贯彻落实习近平新时代中国特色社会主义思想，又要用党的创新理论武装师生头脑，站稳立德树人、培根铸魂、举旗定向的政治立场，引导全体党员坚定不移做"两个确立"的忠诚拥护者、"两个维护"的示范引领者。

突出"党的领导"这一最本质的特征。加强高校党的领导，要充分发挥党委总揽全局、协调各方的领导核心作用，通过深入贯彻落实党委领导下的校长负责制，总揽学校改革发展稳定的全局，把党的领导和依章办学有机结合起来，使党的领导覆盖办学治校各领域、占领宣传思想各阵地、贯穿教育教学各环节、融入人才培养各方面，把党的建设和学校事业发展融合起来，形成"中心工作是什么，党的建设就重点聚焦什么；发展瓶颈是什么，党的建设就重点突破什么"的工作格局。

突出"全面从严治党"这一战略方针。以"七张问题清单"为抓手，推动全面从严治党向纵深发展，构建"问题发现靠党建、问题发生查党建、问题解决看党建"的工作机制，以解决突出问题为突破口和主抓手，通过主动发现问题，倒逼整改落实，变"问题清单"为"成效清单"，充分发挥党建工作的领导力、执行力和管控力。深化细化"四责协同"，全面提高各级党员领导干部的政治站位、履职能力和业务水平，层层压紧压实全面从严治党的政治责任。

二、坚持融于需求，提升党建"聚合力"

需求是发挥作用的着力点和切入点。高校党委以需求为导向，发挥党建工作的凝聚力和实效性，为内涵式发展提供坚强的政治保证。

融入学生成长成才。聚焦培根铸魂，把党史学习教育作为提升育人实效的重大契机，教育和引导学生从党的百年奋斗历程中不断汲取精神动力、成长活力和发展能力，为其未来成为拥护党的领导、拥护社会主义制度、引领发展的行业精英和领军人才打下坚实基础。聚焦学习主责主业，发挥优秀党员师生的先锋模范和示范引领作用，以党员师生与普通同学结对形成"先锋合伙人"等形式，建立帮带机制，激发学生学习热情，夯实学业基础。

融入教师教学科研。将教师党支部建在学科上、建在"卡脖子"关键核心技术攻关任务上，发挥"双带头人"的学术指导和示范引领作用，助力青年教师抓住"快速成长期"，过好"教学关、科研关、实践关"，为社会、为企业、为基层解难题，将论文写在祖国大地上。推动课程思政、专业思政、教师思政一体化建设，挖掘思政元素，优化课程内容供给，把党的创新理论融入教学科研的各个环节。

融入师生"急难愁盼"。发挥党建凝聚师生、服务师生的作用，从加强学校整体智治水平出发，以数字化改革为抓手，破解由于条块复杂、类型多样、需求复杂带来的发展难题。打开各部门、院系间数据共享通道，织密"一张网"，形成工作"闭环"，进一步为师生学习、生活、工作提供便利，推动和引领学校党的建设、教学科研、管理服务的现代化，以数字化改革推动学校治理体系和治理能力的质量变革、效率变革、动力变革。

三、坚持融进属地，提升党建"嵌合力"

以校企地"党建共同体"为纽带，充分发挥党组织的政治优势和组织优势，着力构建高校党建与属地党建共建、共治、共享的新格局。

以理论联学凝聚发展共识。围绕贯彻落实党中央战略部署和浙江省委工作要求、科技与产业对接、人才资源共建共享等主题，与属地联合开展学习研讨。推动校地重大决策、重点议题的前置研究，共享党建资源，建立互帮、互学、互助的长效机制，实现校企地高质量协同发展与提升。推动理论联学"下沉"到基层，鼓励院系、学科等基层党组织与属地政府部门、龙头企业、科研院所、社区农村等党组织开展联学联建，打造校内外党支部合作互通、师生党员服务地方经济社会发展的"党建共同体"。

以人才联育提升发展能级。深入贯彻党中央和浙江省委人才工作会议精神，高校党委与属地要形成人才引育合力，推动地方政府、企业和高校的人才政策发挥叠加效应，进一步汇聚高端人才，共同助力打造世界重要人才中心和创新高地的战略支点。聚焦提升人才培养和未来需求的契合度、引领度，建强校企地"党建共同体"，实施行业精英进校园计划。推动行业专家与学校教学团队共建课程、共编教材，参与人才培养方案制定、指导实习实训、创新创业训练等，形成互补型强强合作，更好地满足地方经济发展对高层次创新型人才的需求。

以科研联攻推动科技自立自强。聚焦区域重大战略需求，构建"理工学科领域：一个学院建好一个高能级平台、一门学科对接一个重大产业、一个创新团队服务一个行业龙头企业；人文社科学科领域：一个学院对接一个厅局、一门学科建好一个智库平台、一个创新团队服务一个县市区"的科研组织新范式，打造"党建＋科研＋发展"的创新生态，推动各方在科学研究、项目培育、成果转化等方面深入合作，联合解决工程科学领域的"卡脖子"技术难题，推进重大成果的持续产出和产业化应用，打造"三服务"升级版，共同助力"学校—企业—地方"的高质量内涵式发展。

四、坚持融为一体，提升党建"耦合力"

树牢大抓基层、重抓党建的鲜明导向，既要把握好党的领导、发展方向等"大党建"工作，又要落实好组织建设、党员发展等"小党建"工作，着力推动其与高校内部党建工作体系相融合。

坚持"一把手"抓带动。把党建工作作为"一把手"工程，强化"书记抓、抓书记"，推动学校各级党组织书记从党建基础工作做起，从每半年牵头研究党建、每年领办党建重要项目、每年主持基层党建述职会做起，示范带动班子其他成员切实履行"一岗双责"，形成一级抓一级、层层抓落实的生动格局。

坚持"一盘棋"抓统筹。构建学校"大党建""大思政"格局，健全党委领导下纪检、组织、宣传、统战、思政等部门各司其职、通力协作、齐抓共管的格局。统筹强化学校抓党建的机构和力量，确保每个院系配备1名专职副书记和1名以上专职组织员，教师党支部书记"双带头人"全覆盖，推行党建工作经历纳入职称评聘、职务职级晋升、人才认定体系，真正实现党建重要程度与投入力度相匹配。

坚持"一竿子"抓到底。树立"以发展看党建、从问题评党建、用实效考党建"的理念，健全完善学校党建日常指导，督促落实考核评价机制，并将考核结果作为干部选拔任用、评优评先的重要依据，考核结果靠后的党组织主要负责人和分管负责人在年度考核中不得评为优秀等次，着力形成大抓党建、重抓党建、严抓党建的浓厚氛围。

（《浙江日报》2022年2月28日理论版刊发）

奋力谱写"两个基地"建设新篇章

浙江工业大学党委组织部　曹颖　徐露　余昶

2003 年 10 月，浙江工业大学建校 50 周年，时任浙江省委书记习近平同志给浙江工业大学发来贺信，要求学校"积极发挥自身的学科优势和人才智力优势，努力把学校建设成为各类优秀人才的培养基地和工程科学技术的研究开发基地"。

自开展主题教育以来，浙江工业大学对标建强"两个基地"重要办学指示，学懂弄通习近平新时代中国特色社会主义思想，在不折不扣完成各项规定动作上当标杆，在彰显"工大"特色、体现"工大"贡献上作表率，以主题教育实实在在的成效谱写"两个基地"建设新篇章。

一、深学细悟　融会贯通

回顾新时代以来的办学历程和办学成果，浙江工业大学全体党员干部和师生员工深学笃行习近平新时代中国特色社会主义思想，全面落实习近平同志重要办学指示精神，各项事业呈现蓬勃发展态势。校党委书记蔡袁强说："加快建设区域特色鲜明、国内一流的研究型大学，实现高质量发展，必须自觉用习近平新时代中国特色社会主义思想凝心聚力、攻坚克难。"

浙江工业大学坚持把"学思想"放在首位并贯穿工作始终，把习近平同志贺信精神纳入理论学习必学清单，作为主题教育的独特资源和鲜活教材，汇编学习《习近平总书记关于教育的重要论述》，通过个人自学、集体研学、干部领学、专家导学、溯源践学等形式，努力把思想财富转化为奋力开拓的强大力量。

学校深入开展"循迹溯源学思想促践行"活动，健全"循迹溯源"理论宣讲矩阵，打造"青说青听"青年科学家理论宣讲团，推动主题教育理论学习走实走心。

7月5日，一场以青年科学家为宣讲主体的"'八八战略'在工大"主题宣讲活动在浙江工业大学朝晖校区开讲。8名来自不同学科的青年科学家宣讲员结合学术背景、研究专长和工作实践，从不同角度讲述了"工大人"在"八八战略"指引下，奋力推进区域社会经济高质量发展的故事。

以寻促行、以访促思、以讲促学。广大师生主动追随"足迹"，赴嘉兴南湖、淳安下姜村、安吉余村等地深入开展"循迹溯源学思想促践行"活动89次。根据习近平总书记在浙江调研走访的足迹制作"寻访地图"，深入农村、社区开展理论宣讲，边走边看，边学边讲。

二、深研细究 对标争先

坚持以问题导向引领调研方向,浙江工业大学深入开展"大走访 大调研 大服务 大解题",用党的创新理论研究新情况、解决新问题。

"系统总结学校遵循习近平总书记重要办学指示精神的发展经验,进一步明确学校更高质量发展的使命愿景和发展路径,坚持放眼全球,对标一流,努力建设'更有梦想、更有作为'的大学。"校长高翔说。

在主题教育中,党员干部坚持在推动事业发展中选题、在师生群众所盼中选题,围绕学校党的建设、人才培养、队伍建设、学科发展、管理服务等事关学校事业发展全局性、战略性、关键性问题,深入一线开展调查研究,切实提升主题教育成效。

揭榜挂帅、改革破题。针对新一轮"双一流"争创和第五轮学科评估结果的瓶颈,学校先后邀请20余位院士、100多位专家,召开20余场学科建设咨询会,开展3场一流学科建设研讨会,系统布局、创新推进新一轮学科建设。主题教育期间,学校化学学科、工程学学科新晋ESI全球前1‰。

下沉一线、纾困解题。围绕推进学生更高质量就业,创新运行"职业推介所",建立简历优化、岗位匹配推荐和面试技巧培训等一体化工作机制,实现企业与学生100%对接。各二级学院组织开展"访企拓岗"专项行动,走访70余家企业,开发50个见习基地,开设"24365"一对一咨询帮扶平台,定向帮扶500余名困难毕业生,聚力破解学生就业"民生大事"。

树牢师生双主体地位。学校在调查研究中推出"为师生办实事"五大行动，聚焦"智慧工大、文化工大、健康工大、美丽工大、绿色工大"，实施 20 项民生实事。各级单位破难题、办实事近 240 项，建章立制 75 项，合力攻坚破解学校、地方遗留 20 年的历史问题，把工作做到师生心坎上。

三、深抓细做　实干争先

4 月 20 日，浙江工业大学在省内高校中率先发布了对接我省"315"科技创新体系和"415X"先进制造业集群建设工程的《行动方案》。发布会上，浙江工业大学还与 8 家企业签订累计超 1 亿元的合作科研项目，项目涉及智能制造、生物医药、环境工程等诸多领域。

聚焦国家和区域发展，积极服务创新驱动发展战略是高校义不容辞的责任和使命。浙江工业大学紧盯浙江现代产业集群转型升级新需求，重点推进落实 20 个"标杆性撒手锏科研任务清单"，持续做强有组织的重大科研任务攻关。

面向国家重大需求，生物工程学院党委聚焦生物制造"卡脖子"技术攻关，组建"党员突击队"，成立项目临时党支部，实现除草剂 L-草铵膦的大规模高效生产，为农药"减量增效"提供有力保障。

面向区域经济主战场，信息工程学院教师团队创新实现微秒级控制周期内各轴运动位置和速度的动态精准同步，自发研制了一系列多轴运动控制器产品，在机器人、机械手、裁切、光伏等领域大面积推广应用，实现了高端运动控制器领域自主安全可控的逐步替代。

共绘"共富画卷"，食品学院与龙游县联研联建，集聚教学科研人才资源，协助当地企业解决技术难题 100 余项，引入各类科技帮扶资金 4000 余万元，加快补齐当地生态产业链，开拓强村共富新阵地。

为实现科研项目与产业发展"双向奔赴"，学校与杭州富阳区共同成立浙工大国际创新中心，与临安区共建临安区浙工大青山湖研究院，做强做精科创平台的同时，有力支撑了区域重点产业高质量发展。

"办一届成功的亚运会"是 2023 年浙江的头等大事。浙江工业大学组织了 2400 余名"小青荷"积极投身志愿服务工作，全力服务保障杭州体育馆等 6 个场馆。亚运会板球比赛在浙江工业大学屏峰校区举行，学校成立板球场运行团队临时党委，高质量、高水平做好媒体运营、志愿服务等保障工作，为体育文化盛会提供规范、专业、热情的服务。

（《今日浙江》2023 年 9 月 18 日第 17 期刊发）

扎根科学沃土为国育才

——浙江工业大学推动基层党建高质量发展纪实

浙江工业大学党委组织部　邱君媛　徐露　冯剑

在风景优美的浙江工业大学屏峰校区，矗立着一座"和亭"，这是中国共产党成立 90 周年之际，学校为庆祝荣获"全国先进基层党组织"专门建造的，寓意学校各级党组织和广大师生党员和睦同心、凝心聚力，推动事业高质量发展的美好希冀。"作为高校党务工作者，坚定抓好基层党建工作，是争做'两个确立'忠诚拥护者、'两个维护'示范引领者的自觉行动。"浙江工业大学党委书记蔡袁强说。

一、打造理论学习品牌

"让有信仰的人讲信仰，让崇尚科学的人传播科学理论。"2021 年 4 月，一组"青年科学家'跟着总书记学思维'"的宣讲视频在网络上走红。浙江工业大学选拔 50 余名以"四青人才"领衔的青年科学家和博士研究生，成立了"青说青听"青年科学家理论宣讲团，以青年科学家的视角、语言阐述传播党的创新理论和科学前沿问题，受到观众欢迎。食品科学与工程学院杨开教授带领党员师生，将理论宣讲的流动车开进台州市下浦郑村，为当地村民带来一堂关于"乡村振兴促进共同富裕"的宣讲。"在流动宣讲中，我们深入了解区域发展需求和地方产业科技服务特点，进一步坚定了为实现共同富裕贡献青春力量的决心。"2021级研究生党员张玲说。

理论学习如何才能入脑入心？学校党委坚持把学好党的创新理论作为首要政治任务，打造了一批有生命力、影响力、引领力的理论学习品牌。从"初心"自习室的日常学习和主题党日活动的开展，到"组织生活案例大赛"，将组织生活、学习教育搬上舞台；从组建"青说青听"青年科学家理论宣讲团线下宣讲，到"理论正当午网络思享会"，将理论学习融入日常、抓在经常；从广泛开展"党性教育一刻钟""课堂思政一刻钟"等融合式学习，到打造"四年一贯制"开放式党校专业化培训体系，构建了一套"全过程""全方位""一体化"的理论学习体系。

在创建"全国党建工作示范高校"过程中，学校党委还积极打造"五进式"习近平新时代中国特色社会主义思想学习宣传示范点，实施理论学习中心组"巡听联学"机制，深化"课程思政"教育教学体系和"百门课程思政示范课"建设，扎实推动习近平新时代中国特色社会主义思想进学科、进学术、进课堂、进培训、进读本，把学习成效转化为推动事业发展的强大动力。

二、实行党员分类管理

针对高校党员类型多样、先锋模范作用发挥不平衡等实际，学校党委坚持加强分类指导，出台了《党员队伍分类管理"一意见五办法"》，建立了"5＋5＋X"党员分类管理架构。

按照条块结合、共性和个性融合的原则，以"身份—岗位—流动"的核心维度作为划分依据，根据不同党员的身份、年龄、岗位、职责和特征等因素，将党员划分为教学科研岗党员、管理服务岗党员、学生党员、离退休党员、组织关系保留在校党员5类。同时，有针对性地实施教学科研岗党员"骨干式"、管理服务岗党员"标杆式"、学生党员"先锋式"、离退休党员"关爱式"、流动党员"连线式"等5类管理方式，分类细化发展党员标准、优化日常教育载体、量化考核评价体系。管理学院大四毕业生党员丁威成说："大学期间，对我影响最大的就是党员领航员，在他的引导和帮助下，我加入了党组织，也成为一名党员领航员，在服务同学时，传递党员先锋力量。"在学生党员"先锋式"管理方面，学校实施"党员领航工程"，给每个新生班级配备1—2名党员领航员，把政治引领、入党启蒙与始业教育结合起来，发挥学生党员"传帮带"的作用。

学校各学院不断创新党员管理方式。有的在宿舍里开展"7号室友"活动，把学生党员一对一联系到宿舍；有的在实验室里开展"先锋合伙人"行动，让党员在学业引领上发挥作用；有的培养"红旗领读人"，把先锋模范作用发挥在带头学新理论、新思想上，形成了全员覆盖、全程贯穿、全链联动的高校学生党员"先锋式"管理模式。

三、创建校企地"党建共同体"

在党史学习教育中，浙江工业大学材料科学与工程学院党委策划发起与北京大学、上海交通大学、井冈山大学、延安大学等国内 8 所高校同类学院师生"同上一堂党史课"活动，携手打造高校院系"党建共同体"，积极探索二级学院学史"联谊"、党建"结亲"、学术"聚心"的新模式，凝聚党建工作合力。

近些年来，学校党委在原有校企地合作基础上，系统推进学校基层组织与龙头企业、科研院所、街道社区等单位党组织签约结成"党建共同体"128 个。通过理论联学、党务联建、科研联攻、人才联育、品牌联创、榜样联动等形式，实现多方优势互补、产学研用互促，党建事业深度融合、同向同行。

2021 年 3 月，在沈寅初院士、郑裕国院士的带领下，生物工程学院党委与安徽华恒生物科技股份有限公司签署战略合作协议，依托"院士工作站"建立校企地"党建共同体"，将党建工作融入产学研用深度合作，切实把党建优势转化为改革创新、增强服务基层的强劲动力。在共建仪式上，学院"黄大年式"教师团队党支部书记徐建妙说："未来我们将在项目上共建临时党支部，加强重点任务攻关，促进人才共育、成果转化等高质量协作，真正实现党建与业务的深度融合。"

（《中国组织人事报》2022 年 3 月 31 日第 3 版基层党建专题报道）

着力推动学校党建与事业发展深度融合

浙江工业大学党委组织部　　王海贵　余昶

过去 5 年，浙江工业大学党委坚持以习近平新时代中国特色社会主义思想为指导，全面贯彻新时代党的建设总要求和新时代党的组织路线，高质量开展"不忘初心、牢记使命"主题教育、党史学习教育，学习贯彻习近平新时代中国特色社会主义思想，隆重庆祝中国共产党成立 100 周年，紧扣中心大局，做好融合文章，主动把党建工作融入基层治理、科学研究、人才培养和队伍建设等重点工作中，为学校事业高质量发展提供了坚强组织保障。

一、强化体制机制建设，推动党建与基层治理融合

铆紧责任链条推动党建质量整体提升。健全二级党组织集体领导、党政分工合作、协调运行的工作机制，指导二级党组织修订完善《党委会议议事规则》《党政联席会议议事规则》以及"三重一大"决策制度，进一步提高二级班子议事决策民主化、科学化和规范化水平。全

面实施"红色根脉强基工程"，研究制定党建"四个融合"行动工作方案，之江学院与绍兴市柯桥区的校地融合式党建被列为省教育工委"四个融合"行动试点。严格落实党建工作责任制，制定《二级党组织书记抓基层党建、人才和意识形态工作述职评议考核办法（试行）》，构建"强基指数"抓二级组织主体责任、"堡垒指数"抓支部标准建设、"先锋指数"抓党员作用发挥的党建工作责任体系。

大抓强基固本推动基层党建争先攀高。健全教育部—省委教育工委—学校党委三级党建质量创优和示范创建工作体系，营造争先创优浓厚氛围。5 年来，学校入选全国党建标杆院系 3 个、样板支部 7 个、"双带头人"教师党支部书记工作室 1 个、"百个研究生样板党支部" 2个、"百名研究生"党员标兵 3 名，入选全省党建"双创"项目 33 项，目前学校 47% 的二级学院入选省级及以上标杆院系，近八成院系获省级及以上"双创"项目，6 个党支部入选浙江省首批省级离退休干部"三强六好"示范党支部和规范化建设党支部，在全省及全国的"双创"工作中形成了一定的影响力和示范效应。

聚焦"一融双高"推动党建事业融合发展。建立二级党组织基于任期目标任务的"一年十大事"的工作推进机制，全力打造党建工作"一把手"工程，推动学院党组织班子成员领办重点项目，带头抓落实、抓成效。各基层党组织坚持把破解"两张皮"作为重点，扎实推进党建和业务互融互促。例如：化学工程学院围绕基层党建标准化、规范化、制度化打造基于教学科研中心任务的支部"堡垒指数"和党员"先锋指数"评价体系；机械工程学院围绕二级学院体制机制改革、办学活力激发打造党建统领改革、改革推进事业的党建工作模式；生物工程学院围绕有组织科研和一流学科建设打造"党建＋领军人才"示范牵引的党建工作模式。

二、坚持做有组织的科研，推动党建与科学研究融合

建强基层党支部战斗堡垒。坚持党组织设置与事业发展同步规划，将教师党支部建在研究所上、建在学科方向上、建在研究生导学团队上，探索本科生党支部"党—团—班"一体化运行，抓好大项目临时党组织建设，实现党的组织和工作全面覆盖。推行实施教师研究所党支部党政联席会议制度，健全落实党支部参与重要事项决策机制，教职工专业技术职务评聘、职务（职级）晋升、年度考核、课题申报、评奖评优征求所在单位（部门）党支部意见。

深化实施校企地党建联建机制。围绕地方经济社会发展和企业转型升级，深入推进教育链、创新链、产业链、人才链"四链"融合，协同地方政府、企业联合制定需求清单、项目清单和成果清单，进一步加强校企地在科学研究、人才培养、成果转化等方面的深度合作。截至目前，学校各基层党组织共建校企地党建共同体200余个，党建引领的西湖区"环浙工大创新创业集聚区"、德清县"环浙工大创新经济圈"成为学校事业发展的新名片。

激发基层组织和党员争先担当。切实抓好大项目临时党组织建设、大成果"党建＋"攻坚、大平台党建联建，健全基层党组织"揭榜挂

帅"机制，把事业发展的难点堵点作为党建工作重点，主动把党的组织优势转化为发展动力。引导基层党组织、党员干部在落实省委"三个一号"工程、高能级科创平台建设等大战大考中有效发挥作用，争先担当。学校高质量服务区域经济发展工作情况获省委主题教育办"循迹溯源学思想促践行"案例集刊发，"党建联建有组织科研 聚力攻关'卡脖子'技术"入选全省高校党建联建百佳案例。

三、创新"大党校"体系，推动党建与人才培养融合

分层分类开展党员干部教育培训。强化"培训赋能"，先后选送 50 余名干部赴国家教育行政学院、浙江省委组织部、中共浙江省委党校参加学习培训，学校党员教学点入选浙江省学习贯彻习近平新时代中国特色社会主义思想现场教学示范点，承办省属高校中层以上干部学习贯彻党的十九届五中全会精神集中轮训示范班、全省入党积极分子培训示范班、省部属高校组织员能力提升示范培训班、小和山片区高校校际干部联合培训班等，组织开展学校中层干部学习贯彻党的二十大精神专题研讨班、高层次人才政治研修班、机关年轻干部专题培训班等 20 余个主体班次，培训学校各级党组织书记等党务骨干 14140 人次、党员 93948 人次，培训全省高校组织员 230 人，在党建培训上形成了示范引领效应。

深化大学生党校教育教学改革。围绕"入党是最大思政教育"工作理念，研究制定《浙江工业大学党校工作细则（试行）》，把党性教

育贯穿学生入党和成长成才全过程。完善优化入党积极分子、党员发展对象、预备党员培训课程体系，构建由感性认识上升到理性坚定的大党校课程体系。例如，学校承办的全省入党积极分子培训示范班，"打破"传统常规，邀请革命纪念馆金牌讲解员讲中国共产党精神谱系，邀请村支书、企业员工讲浙江精神和"八八战略"，邀请退伍军人讲国内外形势政策，邀请身边的典型讲入党初心，获得参训学员的一致好评。

党建育人助力学生成长成才。全面落实新生入学"第一课"制度，持续深化"学生党员领航工程"和学生社区党建工作，落实党员领航员制度和学生党支部、党员联系班团、实验室、寝室制度，促进党建工作与思想政治教育深度融合。建强"7号室友""先锋合伙人""e路先锋""小马先锋"等党员领航行动品牌，充分发挥学生党员在入党启蒙、学业帮扶、就业指导、安全稳定等方面的先锋模范作用。

四、聚力打造过硬队伍，推动党建与队伍建设融合

创新分类管理模式，激发党员队伍生机活力。研究制定学校《党员队伍分类管理"一意见五办法"》，建立"5+5+X"党员分类管理模式，顺利通过中组部全国党员分类管理试点验收，获中组部《组工通讯》、省委组织部《组工情况》、省教育厅《教育参阅》刊发推介。坚持把好党员发展"入口关"，研究制定学校《发展党员工作手册》，推进发展党员工作标准化、规范化。强化对高知识群体的政治吸纳，研

究出台《关于加强在高知识群体中发展党员工作的指导意见》，5年间学校共发展党员13410名，其中在中青年教师和学术骨干中发展党员75名。

突出激励担当，深入推进干部工作系统性重塑。认真贯彻新时期好干部标准，坚持"四个坚持、八个不"鲜明导向，做好干部队伍建设的前瞻谋划、整体设计，研究出台《关于进一步加强新时代高素质专业化中层干部队伍建设的实施意见》，修订出台《中层干部管理实施办法》《干部酝酿会议事规则（试行）》等制度，完成干部调整285人次。坚持以考促干、以考促改、以考促担当，制定《中层领导班子和中层干部考核工作办法（试行）》，构建"六三四四"考核体系，推动考人与考事更融通、考班子与考个人更紧密、工作实绩评价更清晰、满意度参评主体更优化、重大任务成果运用更凸显。

坚持"大人才观"，统筹推进干部人才队伍建设。组织实施统筹干部人才队伍建设专项调研，常态化开展干部队伍政治素质调研，以"干部人才一体化"工程为总抓手，完善干部工作机制路径，建强年轻干部培育链，探索构建学校"政治强、管理强、学术强"学术型优秀年轻干部和"党建能手、业务能手、服务能手"管理型优秀年轻干部的培养机制，创新实施"学术副院长"制度，储备学术型干部90余人，中层干部入选国家级、省级人才40余人。5年来，学校加强干部队伍实践锻炼，选派56名干部参与亚运会保障，51名干部赴国家部委、知名高校、基层一线等挂职锻炼，获评省优秀共产党员、省"担当作为好干部"、省"担当作为好支书"等省级及以上荣誉16人次。

"四融四化"推动基层党建与事业融合发展

浙江工业大学生物工程学院党委　　王方　黄一岚　何允

　　浙江工业大学生物工程学院落实立德树人根本任务，全面实施党建强院行动，积极探索"四融四化"基层党建与事业发展融合工作法，以高质量党建引领推动学院高质量发展。

一、融在目标构建"一体化"工作格局

　　学院党委立足"双一流"攻坚任务与"全国党建工作标杆院系"培育创建，强化党建目标与一流学科、一流专业、一流治理的目标"一张图"谋划、"一揽子"部署、"一体化"落实，融合推进十大行动、30项举措，坚持党建引领在前、内嵌其中、支撑在后，重点聚焦"大人才、大平台、大项目、大成果"等重大任务突破，从党建、教学、科研、人才、管理等方面科学设定承接指标，明确关键质点突破的时间表和路线图，形成高质量党建统领办学治院"一体化"工作格局。

　　党政领导班子是学院事业发展的"主心骨"，是做好各项工作的

"压舱石"。学院党委着力激发领导班子成员干事创业、担当作为，实行集体领导、党政合作、协调运行的领导机制，引导党建与学院事业目标上一致、行动上统一、效果上互促。班子成员齐心协力，抓工作、干事业、谋发展"一条心"，党建与学院事业取得实质性"增效"，实现了"1＋1＞2"的效应。

二、融在力量打造"标准化"组织架构

学院党委以支部引领为"辐射点"，发挥好首批"全国高校黄大年式教师团队"与首批"全国党建工作样板支部"示范引领作用，形成基层党建与事业深度融合、可复制可推广的典型经验。支部设置上实现与内设机构、学科方向的一体架构，选优建强基层党建团队，做到"双带头人"教师党支部书记全覆盖，形成党建与事业发展"同一股力量"。

以党员示范为"坐标点"，开展"三先锋六榜样"师生党员先进典型选树，以"身份、岗位、流动"3个核心维度，制定4类党员"先锋指数"，推行教师党员业绩排行榜。学院师生党员在教学科研、管理服务一线，敢于当先锋、作表率，涌现出全国优秀教师、全国师德标兵、全国高校百名研究生党员标兵、浙江省高校优秀共产党员等一批优秀师生党员代表。

三、融在机制形成"协同化"长效体系

学院党委建立党政领导挂帅领办机制，立足学院任期目标责任制指标和学科重大发展目标，重点推进"一年十大事"，由书记、院长共同领办、分管领导具体负责，完善抓落实、强督办、见实效机制，定期在党政联席会上通报进展，要求一抓到底见实效。

建立基层组织党政联席机制，定期召开教师党支部与研究所党政联席会对所内重要事项进行决策。建立党支部参与学院重大事项决策机制，在教职工评优评奖、项目申报、职务（职级）晋升等工作中落实教工党支部建议与组织推荐环节。

建立党建事业融合评价机制，切实推进"党建＋业务"双目标考核，设置学院内设机构考核中基层党建占比不低于20%的要求，制定学院《基层党支部党建工作考核办法》，通过年度党支部书记抓基层党建工作述职和"堡垒指数"日常动态考评相结合，重点考核基层党建与事业发展融合促进程度。

四、融在行动寻求"特色化"发展路径

学院党委把党建工作做在"有组织科研"上，探索将"教师党员工作室"建在合作企业、技术平台、地方研究院上，通过理论联学、技术联攻、成果联创、人才联育，推进"有组织科研"，打造校企地党建共同体、党员工作室15个，做到"科技服务到哪里，党建工作就延

伸覆盖到哪里"。

把党的组织联建在"重大项目"上，探索在千万级以上企业重大委托项目、国家级学生创新创业竞赛项目中成立临时党支部，以"挂图作战"方式推动组织紧密协同、项目高效推进。近5年，学院推动签订千万级以上企业重大委托项目14项，连续3年荣获中国"互联网＋"创新创业大赛金奖。

把师生党员磨炼在"攻坚任务"上，强化党员带队、人才赋能，组建"党员突击队"，共建华东合成生物技术研究院，成立浙江现代生物产业学院，承担国家重点研发计划项目5项，建成工业化生产线40余条，累计创造直接经济效益超千亿元，做到"师生在哪里，党员作用就发挥到哪里"。

（《光明日报》2023年12月6日第4版报道）

守好一段渠　解决"两张皮"

浙江工业大学机械工程学院党委　潘柏松　林洁　郑洁

习近平总书记在我校建校 50 周年贺信中指出，要"努力把学校建设成为各类优秀人才的培养基地和工程科学技术的研究开发基地"。作为教书育人第一线的二级学院党委，我们牢记习近平总书记嘱托，坚决落实立德树人根本任务，努力守好一段渠、种好责任田。目前我院共有学生总数 3045 人、党员 1096 人。其中教职工党员 232 人，占教职工总数的 80.27%；学生党员 864 人，占学生总数的 28.37%。随着学院规模越来越大，我们感到身上肩负的责任也越来越重。我们以 2019 年成为全国第二批党建工作"标杆院系"培育创建单位为契机，努力破解"两张皮"问题，推动党建与事业发展深度融合，取得了一定成效。

一、强化党委把关，锚定育人方向

学院党委始终把政治建设摆在首位，自觉践行"四个服务"要求，坚决履行"把方向、管大局、做决策、保落实"职责，坚持一手抓高质量党建、一手抓高质量发展。前几天开学，不少大一新生都被"机械铸就大国重器"的迎新条幅震撼鼓舞着，这句话正是我们的价值观教育的体现。对基层院系来说，办学特色、育人模式问题是极其关键的，为此，学院党委理论学习中心组、党委会多次召开专题会议讨论，党委书记和院长带队走访、调研国内外高校和企业，研究确定了"人才培养"等八个一流战略目标。作为学校唯一的综合改革试点学院，学院党委围绕育人使命和"制造强国"战略，全面推进"三全育人"综合改革，聚焦价值塑造、素质提升和能力培养，全面实施课程思政和课外育人，锚定具有"中国情怀、国际视野、创新精神、实践能力"四位一体的高水平创新人才培养方向。

二、创新组织建设，聚力克难攻坚

学院党委坚持大抓基层的鲜明导向，按照"教工党支部建在学科上、党小组建在研究团队上，研究生党支部建在纵向团队上，本科生党支部建在专业上"的原则设置基层党支部。我们聚焦"十四五"时期面临的新形势、新问题，就学院事业发展中的重大成果培育、产教融合、升学率、导学团队建设等17个方面的难点、痛点和堵点，广泛听取师生建议，集中开展"党建＋"攻坚行动，引导教师党支部积极参与"揭榜挂帅"，11个党支部共申报立项41个项目，在攻坚克难实践中不断提升基层组织力、战斗力。这几年，我们做到了"项目到哪里，党支部就建在哪里"，机械电子工程学科党支部袁巨龙教授在高性能滚动轴承加工技术攻关的关键时期，主动提议在项目团队成立党小组，组织师生党员重温入党誓词，以党建的力量凝聚人心，攻坚"卡脖子"技术，获国家科学技术进步奖二等奖，成果在航空航天和民用装备中得到广泛应用。

三、突出党员领航，赋能事业发展

学院党委推进实施"党员领航工程"，选优配强"'双带头人'支部书记＋专兼职组织员＋党建导师＋青年学生党员骨干"的党务骨干队伍，高擎党旗走在事业发展的前列。选拔优秀的高年级学生党员作为新生班级一对一的党员领航员，做到"一个党员一面旗，朋辈引领走在前"，近5年，学生获国家级和省级竞赛奖励110多项。出台《机械工程学院党员队伍分类管理实施细则》，构建党员先锋模范作用长效机制，学院获省部级及以上奖励近60项，教师党员承担的教学、科研、育人、社会服务等占比达85%以上。党员师生在关键时刻站得出来，在2020年疫情期间，中共党员、省特级专家、院长姚建华教授带领党员师生团队奔赴企业车间，把抢修设备搬进企业现场，通过高质高效激光现场再制造技术，助力企业复工复产，为上百个企业挽回千万级的损失。

（浙江工业大学机械工程学院党委书记潘柏松

2021年1月11日在浙江省高校党建工作座谈会交流发言）

"四位一体"锻造样板
"五同党建"促育人才

浙江工业大学之江学院设计学院党总支

之江学院设计学院学生工业设计党支部以"我与时代同前进、爱党爱国爱学习"为主线，以"抓党建＋促育人"为抓手，全力打造全国样板党支部，形成了"一家一网一册一站"的"四位一体"党建核心样板，创新试点"五同党建"工作模式，在党建促育人才上发挥了引领性、全局性作用，提供了可借鉴、可复制、可推广的"之江党建经验"。

一、打造一块阵地"党员之家"，突显样板成效

党支部紧紧围绕队伍建设、教学科研、人才培养、志愿服务等需求，打造了一块党建阵地"党员之家"，为师生提供党建氛围浓厚、功能设施齐全、党员服务优质的党建阵地。一是突出党建活动阵地，优化设计布局，实现多功能一体化，为党务会议、交流座谈、参观调研、

辅导学习等提供了党建空间。二是突出风采展示阵地，结合初心使命、党史学习教育，开辟党员支部活动、党史理论学习、党员荣誉展示区，形成爱党爱国爱校的浓厚氛围。三是突出理论传播阵地，构建"党建书角"，为党员营造良好的学习环境。四是突出党群服务阵地，开设学业发展、心理健康、升学留学、创新创业、党建知识咨询服务，突出"最多跑一次"服务理念，为师生提供一站式服务，两年来有效解决师生诉求200余项。

二、编织一张智慧党建"网"，联通云端平台

党支部积极运用互联网、新媒体等创新党建活动方式，推动开发"智慧党建云"线上平台，实现师生党员数据系统化，打通了支部运作的"一云、四端、六平台"。"一云"是指"智慧党建云"，将党支部学生党员、积极分子通过"党建云"实现全覆盖。"四端"是指智慧党建管理后台、微信小程序、智能大屏、查询机四个终端，实现通知公告、信息采集、事项办理、档案查询、困难救助等功能集成。"六平台"是指系统管理、电子档案、学习管理、资讯管理、党建风采、数据统计等六大平台，实现党务工作线上管理全覆盖，实现对党员基本信息查询、志愿服务报名、党组织关系转接、党员工时查询、支部活动报名等的云平台管理，对党员理论学习和组织生活进度进行全程跟踪。

三、规范一套标准化"手册"，绘制党建施工图

党支部坚持以"抓党建＋促育人"工作思路，及时总结样板支部创立的经验做法，建章立制、固定优秀做法，修订完成《设计学院工业设计党支部工作手册》，将党支部基本架构、规章制度、经验做法、支部活动风采等均纳入手册内容，真正让制度建设成为支部党员必须遵守、成效显著的"工作手册"。两年来，已修订完善《党员发展实施办法》《党员发展答辩办法》《志愿者工时计算办法》《党员"先锋指数"管理》《党员星级评定办法》《党支部工作考核办法》《学生党支部堡垒制度考核》等7项制度，对激发党员先锋作用成效显著，支部党员等级考试通过率达95%以上，47人次获得国家励志奖学金、省级奖学金等各级奖项。2021年，75人次获得大学生工业设计竞赛、大学生文创设计大赛、浙江省国际"互联网＋"大学生创新创业大赛等省市级比赛奖项及校级奖项，12人考取浙江大学等国内外高校硕士研究生，35人参加"2＋2"中外合作办学留学培养，获得实用新型专利40多项，毕业生就业率达100%，课外科技参与率达100%。

四、搭建一个平台"党员加油站"，创新先锋领航品牌

党支部自创建以来一直探索设立学生党建育人新平台"党员加油站"，突出学生党员先锋领航作用。一是给党性教育"加油"，通过"六个一"活动，即讲一次主题党课、做一次志愿服务、读一本红色图书、

写一篇读书笔记、访一次红色基地、看一场红色电影，持续锤炼党性；二是给思想意识"加油"，支部成员人均志愿服务工时 60 小时，累计超过 1000 个工时，在疫情期间学生自发参加"'漫'说疫情，'艺'起抗疫"活动，用原创漫画海报宣传抗疫，主动承担青年社会责任；三是给领航先锋"加油"，支部 10 人获评"六有"大学生标兵和"四星"学子，组成宣讲团为新生进行入党启蒙教育，激发先锋领航作用，近 2 年共发展预备党员 41 人，吸纳积极分子 60 余人；四是给师生共建"加油"。通过教工党支部和学生党支部结对，实现优势互补、资源共享，促进师生共同成长，在"互联网＋"竞赛、大学生创新创业训练计划立项 10 余项，形成全员育人新格局。党支部在学校、学院"两优一先"中获得"先进基层党组织""先进党支部"等荣誉。

五、试点"五同党建"，树样板促育人才

在"四位一体"核心样板基础上，根据工业设计学生特点和专业特色，支部试点实施了"五同党建"工作模式："党建＋引领"与时代同频共振、"党建＋学习"与育人工作同心同德、"党建＋成才"与教学科研同声相呼、"党建＋实践"与志愿行动同心协力、"党建＋服务"与区域经济发展同向同行。试点以来，支部战斗堡垒作用和党员先锋模范作用得到充分发挥，育人成效尤为显著。2021 年，75 人次获得省大学生工业设计竞赛一等奖、省政府奖学金等省级、市级、校级各类奖项。支部成员 300 余人次走进企业参观学习，党员暑期社会实践服

务队走进乡村助力振兴。

（2020年入选第二批全国党建工作样板支部）

坚持党建引领
打造党建事业融合促进的战斗堡垒

浙江工业大学生物工程学院生物工程学系教工党支部

浙江工业大学生物工程学院生物工程学系教工党支部围绕"政治引领强、作风建设硬、事业发展快、示范效应好"的总体建设要求，坚持"聚焦对标抓党建、抓好党建促发展"的工作思路，以"激情探索、争创一流"的精神风貌，把从严教育管理党员落实到党支部，把群众工作落实到党支部，努力使党支部成为教育党员的学校、团结群众的核心、攻坚克难的堡垒，广大党员成为日常学习、生活和工作的先进标尺和先锋形象。

一、创新支部组织生活形式，高质量推动中心工作

严肃党内政治生活，严格执行"三会一课"与民主评议党员等制度，在全校基层支部中率先建立支部纪检委员制度，狠抓作风建设，通过落实每天30分钟的"学习微早会"以提高党内政治生活的政治性、原则性和规范性。2019 年 8 月 12 日，《中国教育报》头版以《这个党小组 20 年来坚持开早会》为题，刊发相关报道。全面推行支部每月固定活动日制度（每月最后一周的周四），建立具有支部特色的"一课一会"学习制度，创新党建事业融合促进的组织生活模式。推进网络化学习方式，借助网络新媒体将"线下学习"与"线上学习"相结合，打造特色化学习品牌，建设"院士党课"，让个人融入集体，扎实推进"两学一做"学习教育常态化制度化。十余次"院士党课"的授课对象覆盖年轻教师、学生党员和企业职工等不同群体，教育引导教师党员不忘育人初心、牢记教师使命，学生党员致力成为国家栋梁，担负振兴民族的使命；企业党员"做一行，爱一行"，在追逐梦想的道路上奋勇前行。结合"不忘初心、牢记使命"主题教育，拍摄《探索未知 激情求解》微视频，这是浙江省高校唯一入围省"学榜样、践初心"微视频征集展播活动的作品，在央视网及学习强国、浙江组工、浙江新闻、中国蓝新闻等 App，以及浙江省党建电视平台、远教广场、公交地铁等平台联动展播。

二、创设"黄大年式"教师党员工作室，高标准落实立德树人

以"一流学科、一流专业、一流人才"为工作目标，高标准落实立德树人，实现党建领学、党建导学和党建研学。在新入职教师和新生中持续开展"院士第一课"，引领广大师生坚定理想信念，树立爱校荣校意识，牢记科技报国使命，落实产出导向教育观与质量观，加大

教学改革力度，创新人才培养机制，推进人才培养模式改革。依托"全国高校黄大年式教师团队"工作室，紧密围绕立德树人根本任务，聚焦"生物·生命·生活"主题，校内校外结合组建良师队伍，线下线上结合开辟育人阵地，点面结合开展良师有约、良师导航、良师论坛系列"良师"活动，扎实推进"课程思政"建设和专业教学改革工作。举办系列课程建设研讨会，不断深化"卓越工程师"培养工程，拓宽育人载体，立足学院、辐射全校，努力打造协同育人的新载体，探索"三全育人"的新模式。近年来，支部成员指导学生获得校级以上课外科技竞赛奖 45 项，在国际基因工程机器大赛和全国大学生"互联网＋"创新创业大赛中多次斩获金奖，展现了浙工大学子的国际化风采以及百折不挠、勇于拼搏的精神。

三、把支部建在学科方向、党小组建在研究团队上，高水平引领科学研究

加强基层党组织标准化建设，制定党小组"堡垒指数"和党员"先锋指数"考核实施办法，在各党小组和党员中开展业绩排行，激活基层党建"神经末梢"。建设期内，由支部成员牵头建成多条工业化生产线，支部所辖团队以第一完成人获省部级科学技术一等奖 3 项、浙江省专利奖金奖项目 2 项，支部成员获何梁何利基金科学与技术奖、侯德榜化工科学技术奖"青年奖"和多项省、校荣誉，入选国家"万人计划"科技创新领军人才和多项省级人才项目等，生物学与生物化学

学科进入 ESI 全球排名前 1%，手性生物制造国家地方联合研究中心成功获批，支部成员年人均科研到款超过 100 万元，党建与学术科研实现双促进，有力支撑支部所在学院荣获全国教育系统先进集体。此外，紧紧围绕"双一流"建设、省重点高校建设和学院重点任务突破等开展"党员在身边""岗位争先""激情生工、党员领航""保护绿水青山、共建美丽乡村"、生工战"疫"志愿服务等系列主题活动，引导支部党员准确把握国家推进高等教育战略性工程的内涵和要求，主动增强推动学科快速发展的使命感和责任感，促进生物工程学系各项事业快速发展。

以"三领三强"践行初心使命

浙江工业大学计算机科学与技术学院博士研究生党支部

浙江工业大学计算机科学与技术学院博士研究生党支部紧紧围绕博士生党员高学术、高智商、高学历的"三高"特点，运用支部首创的"三用党建法"，即用做学术报告的形式上党课，用学术研究的成果引领服务，用推广科研成果的精神宣传理论，积极发挥支部在组织建设、学术创新、社会服务等方面的引领作用，形成以"三领三强"为核心要义的支部自我教育、自我成长、自我创新的长效机制。

一、组织建设再聚力，政治引领强

将党员思想教育作为组织建设的重中之重，实施支部"堡垒指数"管理，推行"党小组建在方向上"，优化组织结构。成立学"习"小组，固定每月"红色星期二"开展"屏峰下论坛"融入主题党日活动，推进自我党性教育。以党小组轮流模式主持学习习近平新时代中国特色社会主义思想，阅评国内外时政热点、要点，探讨新时代下计算机技术引领的新工业革命对行业产生的影响，结合自身学科的科研实践提出认识和思考，让习近平新时代中国特色社会主义思想入脑入心。2019 年，支部《聚红色先锋，做"互联网＋党建"弄潮儿——依托"互联网＋"的组织生活案例》获浙江工业大学第二届研究生党支部组织生活案例大赛一等奖；支部书记刘儒瑜获得 2019 年计算机科学与技术学院党委举办的微党课大赛一等奖。打造"博学时习"特色党建活动品牌，探索政治引领新模式。"博学时习"活动由博士研究生党支部于 2019 年 5 月发起，围绕"学术扬帆""责任教育""榜样人物"等主题，通过讲座、论坛、报告的形式，结合专业宣传党的新思想、治国理政的新举措，形成"博士生带领硕士生、硕士生帮带本科生"的共同学习共同教育的思想政治教育集体学习模式。活动启动以来，围绕"强国一代的使命""计忆菁英"榜样学习、科普进乡村等主题共举办 6 期，取得了较好的品牌效应，充分展现了党员的先锋作用在朋辈间的引领和传承。

二、科技创新再发力，学术引领强

博士生党员的学术领航作用发挥明显，以博士生党员的学术精神和科研成果为引领，已在学院形成正确的学术价值观以及潜心治学的良好氛围。塑造优秀博士生科研典型，推出"计忆菁英"系列推送，开辟"红源 240"党建 App"红色典型"专题板块，扩大先锋党员学术影响力。发起"弘扬科学精神，倡导科研诚信"倡议，将学术诚信倡导集体宣誓纳入每年研究生开学典礼的固定议程。实施"先锋指数"排行,将学术成果以综合分的形式纳入"先锋指数"考核。2018年以来,博士生党员在国内外高水平期刊会议上发表论文20余篇,2人获得研究生国家奖学金,1人立项浙江工业大学优秀博士学位论文培育资助项目,4人获得浙江省一流学科优秀学术论文成果奖一等奖。充分发挥学术领航作用,开展学术传帮带。指导学生创立机器人队和航模队,参与ACM教练团。自2018年以来,指导学生参加中国机器人大赛并获得一等奖(冠军)2项、二等奖3项、三等奖4项;指导学生参加ACM国际大学生程序设计竞赛亚洲区域赛并获得金奖4项、银奖15项、铜奖11项。

三、作用发挥再加力,服务引领强

学院党委积极探索适应新时代的支部建设方式,做好支部品牌文化传承。打造"红源240"掌上党建平台,探索"互联网+"智慧党建新模式。在学院原有特色党建品牌890院长热线、先锋560的基础上积极探索"互联网+党建"新方式,充分利用线上党建的集群优势,不断发挥党员和党支部的示范性作用,架构无障碍师生沟通新桥梁、党员师生服务新平台。2018年起,博士研究生党支部协同开发的"红源240"App在提升党建工作水平和实效上作用显著,涵盖党员教育、先锋宣传、学习交流、支部工作记录等功能,与890院长热线、先锋560形成线上线下交汇、学习服务协同的立体党建平台。2018年10月,

"红源240——线上线下协同服务示范群"荣获浙江省高校党建示范群荣誉。建立博士党员志愿服务机制，加强服务引领作用。定期开通890博士专线，了解周围同学的思想动态和真正需求，为学院科学研究和人才培养献计献策。2019年"不忘初心、牢记使命"主题教育期间，博士生党员为学院发展献策，内容包括如何进一步加大学生知院爱院荣院教育、如何进一步健全全员导师制实施的过程管理等，充分展示了博士研究生的责任感和担当意识。同时，博士生党员积极投身"学习十九大，卓越我先行"宣讲活动，受益学生达500余名。疫情期间，博士生党员自发组织线上开展"ZJUTER会客厅"经验交流、"停课不停学"党员服务先锋线上学业指导等活动，组建课程学习答疑群，每天安排党员在群内为本科生解答课程疑问，广受学生好评。

（2018年12月入选首批浙江省高校党建示范群）

以党建为引领，培养研究生学术志趣

浙江工业大学管理学院中国中小企业研究院党支部　王侠丽　陈超颖

　　研究生群体是高层次创新人才的重要来源，如何进一步加强研究生的创新能力与学术志趣是当前高校研究生教育中的重要问题。作为高校基层党组织，浙江工业大学中国中小企业研究院党支部书记工作室（以下简称"工作室"）始终围绕立德树人，把思想教育与解决实际问题结合起来，搭建师生成长发展平台，把培养中国特色社会主义事业的合格建设者和可靠接班人作为中心任务。近年来，工作室坚持党建引领，发挥党员先锋模范作用，推进学术团队的传帮带和研究生互学互助，加强朋辈激励的正向引领。打造师生成长共同体，着力构建"顶天立地"的团队铸魂模式，将党建树人与科研育人相融合，构建党建、科研、育人"三促进、三提高"工作格局，培养研究生社会责任感，增强"为国立谋"的使命感和时代感。

一、工作举措

（一）加强基层党支部政治建设，坚持党建思政"进学术、进智库、进课程、进培训、进服务"

加强基层支部政治引领作用，坚持把党的政治建设摆在首位。工作室联合学院打造"7号室友""先锋合伙人"等党建工作品牌，创新"先锋下午茶"等工作机制，激发研究生党员家国情怀和使命担当，不忘初心、牢记使命，"顶天立地"做研究，引导研究生将学术科研主动融入国家重大战略需求，建设一支"政治强、业务强"的先锋梯队。工作室不断创新活动形式，定期组织时政沙龙、政治生日会等活动，实施"先锋引路人""先锋合伙人"等朋辈帮扶计划，组建支部党员"竞赛指导名师工作坊"和"案例研究大师坊"，助力学院课外科技工作发展。自2016年以来，工作室开展"党建＋"系列活动近百场，参与师生千余人次，有效促进党建工作"载体化、融合化、显性化"，凝聚带动团队高质量成长，工作室青年教师获评省级人才近10人次。

（二）突显"为国立谋"的育人特色，坚持在"顶天立地"的科研磨砺中孕育研究生学术志趣

工作室在研究生培养中坚持智库服务与学术训练相融合，提升研究生"顶天立地"的学术素养；坚持党建育人与科研育人相融合，培育研究生"为国立谋"的家国情怀；坚持紧衔前沿与理论思辨相融合，在"面向社会"的问题研究中培养研究生解决"真问题"的能力。工

作室坚持培养研究生"把论文写在祖国大地上",聚焦国家发展战略和重大需求,推行研究生"智库项目＋国家基金"的双重项目培育机制,推出"一届一典范,团队有榜样"的学术造星计划,打造师生成长共同体,不断提升研究生"顶天立地"的研究能力。浙江工业大学管理学院中国中小企业研究院党支部创建全国高校唯一的"国家中小企业公共服务示范平台"、全校首个"浙江省新型重点专业智库",积极开展"学术＋智库＋实践"三师培训机制,将智库咨政活动和研究生培养紧密结合,形成了鲜明的"为国立谋"育人特色。2020年疫情初期,工作室教师团队带领学生以"顶天立地"的研究助力疫情防控,获得省部级领导批示。

（三）注重朋辈激励和团队铸魂,坚持营造"顶天立地"学术志趣持续培育的文化氛围

积极探索以党建促发展实现高品质育人的新路子,坚持"三个助推"——科技创新助推经济发展、传帮带助推团队建设、教书育人助推学生成长,探索集特色性、创新性、共享性于一体的党建之路,着力培养具备"为国立谋"家国情怀的研究生。工作室科研骨干指导学生在"挑战杯"等全国性大赛中获奖3次,指导学生撰写研究报告获省部级批示5次。推进助力成长的"先锋领航"工程。工作室书记担当青年教师的"引路人",全体党员争当学生成长成才的"合伙人",通过党员朋辈引领筑强基层组织育人成果。团队科研文化真正成为研究生"顶天立地"学术志趣培养的关键助力。

二、经验启示

通过探索实践，工作室以党建为引领培养研究生学术志趣的工作方法取得了丰硕的育人成果。近 5 年，工作室导师所带研究生发表国内外重要论文的比例和研究生咨政成果参与数量大幅提升，研究生学术持续发展能力得到验证。其中的关键是工作室做到了"三个始终"。一是始终强化政治引领、思想引领、组织引领，通过科学规划、正确引导，不断发挥教师党员的先锋模范作用，构建了工作室打头阵、党员作表率、研究生齐跟进的良好局面。二是始终坚持党建育人和科研育人联动融合，着力培养具备"为国立谋"家国情怀的研究生。三是始终重视研究生思想政治教育，不断加强工作室导师与研究生的思想沟通，打造师长学术共同体，为研究生学术创新增强内在的使命感和原动力。

（2021 年入选第二批全国高校"双带头人"教师党支部书记工作室）

党 员 领 航

　　坚持把立德树人的成效作为检验高校党建工作的根本标准，聚焦学生成长成才、教师教学科研、师生"急难愁盼"，充分发挥党员先锋模范作用，切实提升学校党建"聚合力"。

浙江工业大学党员领航工程

浙江工业大学党委　何智蕴

一、访谈背景

2015 年 1 月，时任浙江工业大学党委副书记何智蕴接受浙江省党建电视平台《党建好声音》栏目专访，介绍浙江工业大学党员领航工程。

二、访谈实录

主持人：请您给我们介绍一下党员领航工程。

何智蕴：大学生党员领航工程的雏形是在新生群体中实施的大学生党员领航员计划，这是对原有的大学生新生助理班主任制度进行的修订，要求由学生党员担任领航员并兼任助理班主任的工作。这个制度的设计主要是在对新生学习和生活进行指导的基础上，增加政治和思想的引领，包括班级党建工作、培养入党积极分子等。后来，我们进一步拓展了党员领航的内涵，服务对象不局限于大一新生，服务内容也进行了体系化、制度化完善，主要以党建工作为龙头，党建带团建，党建促班建，分思想引领、学业帮扶、创新指导、实践锻炼等方面，具体由各个二级学院党委根据学院特色和专业特点进行设计与实施。

主持人：为什么浙江工业大学要推出党员领航工程？

何智蕴：党员领航工程是我们学生党员教育的载体，是党员发挥作用、服务师生的一个平台和窗口。之所以能坚持，是因为这个制度切合高校的使命和党建工作的现实，获得了党员的支持和师生的认可。从学生的需求来看，新生进入大学迫切需要思想上、学业上、生活上的帮扶指导，消除迷茫，合理规划大学生涯。而这之中最重要的是思想上的引导，我们要将课堂上讲的马克思主义，在学生的日常学习生活中润物无声地转化为行为思想指南，学生需要榜样的作用。浙江工业大学有学生党员6000多名，这是一股很好的引导力量。从学生党员的成长来看，浙江工业大学的党员发展和教育已经有了一套比较成熟的制度体系，这只是理论教育的体系，还需要实践的体系，需要实践的土壤去历练，以提升党员的能力和素质。从党建工作本身来看，通过党建工作改革创新，我们设计打造了党员领航工程，以学生成长为主题，服务学生成长成才，有效地提高了大学生思想政治工作的针对性和实效性，使我们的学生党员特质更明显，先进性更突出。

主持人：大学生党员和其他的党员相比，有些什么特点？

何智蕴：从大学生党员个体来看，大学生党员思想活跃，文化层次高，民主意识强，善于接受新事物，积极进取，务实开放，积极要求政治上的进步。我们学校大学生写入党申请书的比例是 80%，参加党校入党积极分子培训的有 70%。从大学生党员群体来看，他们具有强烈的爱国心和责任感，对国内外政治局势和社会热点问题持积极关注态度。在学习生活中，大学生党员能够独立自主地安排好自身的成长发展，是科技竞赛、团学活动、社会实践的主力军，整体素质非常优秀，得到了师生的一致认可。有优势也有不足，他们年纪轻，党龄短，缺少实践，对党的认识缺乏理论高度，对经济社会发展缺乏切身的体会。大学生的学习生活中，就业升学等逐渐成为主旋律，学生的注意力集中在升学、出国、就业等实现自我价值的方面，其政治理论修养有待进一步加强，这是党建工作需要密切注意的。

主持人：大学生党员的这些特点，也使得我们高校党建具有一定的特殊性，您能不能给我们讲一讲？

何智蕴：高等教育的根本任务是立德树人，立什么样的德，树怎样的人，这是同我们办社会主义大学直接相关的。我们的目标没有变，仍然是要培养中国特色社会主义事业的合格建设者和可靠接班人。在此基础上，高校党建的特殊性有三。一是提高思想政治教育的针对性和实效性。高校要将优秀的学生聚集到党的事业中来，团结带领普通同学一起进步，增强党的理论教育的系统性，使青年学生认识到马克思主义在观察社会、分析矛盾、解决问题等方面的有效性，自觉践行社会主义核心价值观，使党的理论教育更有生命力。二是把好组织发展的入口关。党员发展工作是我们党事业发展的基础。高校发展党员要突出政治标准，突出党员身份意识、主体意识和接班人意识，把好政治关，明确政治方向，正确处理好学生党员质量和数量之间的关系，切实提高党员发展质量。三是抓好学生党员的作用发挥。服务型党组织的建设和党员作用发挥的机制要形成，要靠制度保障。与此同时，要拓展实践的平台和载体，通过党员领航等实践活动引导学生党员发挥作用、历练成长。这样的党员才有亲和力和号召力，这样的党组织才有凝聚力和战斗力。

主持人：浙江工业大学除了党员领航工程，各个学院还有很多自己的创新做法，这背后有一个理念在支撑，就是"党建育人"。何书记，对此您怎么理解？又怎么落实？

何智蕴：总体上来说，高等教育的使命，就是立德树人，培养社会主义的建设者和接班人，既有政治上的要求，也有知识能力素质上的标准，需要以党建工作为龙头，系统优化、协调整合高校教育资源。在高校，课堂教学注重知识的学习和科学精神的养成，第二课堂的团学活动注重实践能力的锻炼和兴趣爱好的培养，党建工作主要解决理想信念和树立社会主义核心价值观问题，它是龙头和引领。我们学校的党建工作既是育人工作的核心，也是育人工作的重要组成部分，同课堂教学、团学活动一样渗透到育人的每个环节。就党建育人而言，具体内容有三个方面。一是加强青年学生的理论武装。构建学校组织主题教育、学院开设分党校、支部班级成立党章学习小组的经常性、全覆盖的学习教育体系，形成新生入党启蒙、党的基本知识、党的建设理论、毕业生党员廉洁教育等四个主体班次"四年一贯制"的开放式党校培训机制。二是将育人工作贯穿党员培养发展的各个环节。从入党积极分子到培养成为正式党员，学校形成了一套完善的、行之有效的育人体系和规范，做到学生入党过程与育人过程相统一。三是要有条件保障。浙江工业大学有一支信念坚定、敢于担当、勇于创新的思想政治教育队伍，辅导员、组织员、班主任是学生党建和思想政治教育的主要力量，他们长期辛勤付出，坚守在党建工作的第一线，才取得现在的成绩。同时，学校领导班子、中层干部、教工党员能够主动参与到党建育人的具体工作中来，他们主动联系学生寝室，去课堂、去教室，形成了全员育人、立德树人的良好氛围。这种文化具有熏陶作用，具有传承价值，反过来又会推动党建工作长远发展。

（2015 年 1 月 3 日浙江省党建电视平台《党建好声音》栏目报道）

探索"5+5+X"模式
全面推进党员队伍分类管理

浙江工业大学党委组织部　徐露　邱君媛

浙江工业大学党委坚持把开展分类管理作为新形势下加强党员队伍建设的有效途径，积极探索，创新举措，系统推进，不断提升高校党员队伍建设质量。

一、立足实际科学分类，保证纲举目张

坚持条块结合、共性个性相融合，建立"5+5+X"管理模式，研究制定党员队伍分类管理办法。从工作对象维度，将党员划分为教学科研岗党员、管理服务岗党员、学生党员、离退休党员和组织关系保留在校的流动党员等5类，实现全员覆盖。从工作环节维度，明确发展党员、学习教育、日常管理、作用发挥、考核评价等5个方面具体举措，实现全链条贯穿。在此基础上，各院系党组织加强"一院一品牌"建设，创新形成新X项特色做法。例如，管理学院推行"7号室

友"计划，选拔1名学生党员联系1间寝室6名新生，将学生宿舍建设成为党建引领的育人阵地。

二、完善措施精准施策，做到有的放矢

对教学科研岗党员，突出骨干带头，聚焦打造"育人先锋"，通过创建党员业绩排行榜、校企地党组织共建、开展"百门课程思政示范课"等举措，鼓励和引导他们在人才培养、科技创新、社会服务中发挥骨干作用。对管理服务岗党员，突出提质增效，聚焦打造"服务先锋"，通过亮身份、亮目标，定岗位、定责任，立标杆、作示范，引导他们切实提高管理水平和服务效能。对学生党员，突出成才领航，聚焦打造"成才先锋"，把强化理论武装作为首要任务，每年选拔高年级党员担任低年级班级的"党员领航员"，发挥其在专业学习、志愿服务、社会实践、就业创业等方面的领航作用。对离退休党员，注重发挥他们的余热，聚焦打造"银领先锋"，建立结对联系服务机制，搭建"信仰与追求宣讲团""金夕阳艺术团"等"党建＋银色人才"平台，发挥他们在理论宣讲、关心关爱下一代等方面的优势。对组织关系保留在校的流动党员，确保流动不流失，聚焦打造"流动先锋"，建立电子回执报到、组织生活双向报告制度，依托网上平台开展思想教育，指派专人联系管理，引导和激励他们离校不离党、永远跟党走。

三、系统重塑闭环管理，始终从严从实

坚持问题导向、需求导向，构建发展党员和党员教育、监督、考核全过程管理机制。一是分类细化发展党员标准。坚持把政治标准放在首位，注重差异化考察。例如，对教学科研岗教工重点考察教书育人、科学研究等方面的表现情况，对管理服务岗教工重点考察日常工作、服务师生等方面的表现情况，对学生重点考察政治觉悟、学业学术、综合素质等方面的表现情况。二是分类优化日常教育载体，对教学科研岗党员在办公区、实验室等场所建立支部"学习角"，对管理服务岗党员坚持"党性教育一刻钟"制度抓好日常学习，对学生党员开设"四年一贯制"开放式党校，对年老体弱的离退休党员实行送学上门，对流动党员创设网络学习平台。同时，大力推进校院"党员之家"、党群服务中心等阵地建设，深化拓展学习教育成果。三是分类强化"党性体检"机制。将教学科研岗党员学术不端、管理服务岗党员违反廉洁自律、学生党员违反考风考纪、组织关系保留在校的流动党员长时间不参加组织生活等情况，设为党员监督的红线，贯穿职称评聘、职级晋升、选拔选用、表彰奖励等各环节，稳妥做好不合格党员组织处置工作。四是分类量化党员考核评价。坚持数字赋能，制定不同类型党员"先锋指数"考核标准，开发"先锋指数"评价应用场景，从政治建设、理论武装、工作实绩等维度进行量化考核、绩效评价，推动党员考核更加科学化、精细化。

四、强化实践激发活力，充分彰显作用

坚持把党员作用发挥有实效作为检验党员分类管理科学性、有效性的根本标准，全面激活基层党员"细胞"，增强凝聚力和战斗力，切实把党员队伍建设成果转化为学校事业发展成果。一是推动中心工作更显成效。目前，全校承接的 440 余项国家和省部级重大科研项目中，由党员担任负责人的占比达 80% 以上。机械学院党委聚焦人才培养、科学研究、学科建设等工作的痛点难点，实施教学科研党支部"揭榜挂帅"，开展"党建＋"攻坚行动，推动学院在一流本科专业建设、一级学科博士点设立、国家科学技术进步奖获奖等方面取得重大突破。二是完成急难险重任务更有作为。在疫情防控中，相关专业党员开展应急专项研究，集中攻关研发"核酸采集数字服务站"，全力支持杭州市常态化核酸检测；广大师生争做防疫保障先锋，1000 余人次参与，筑牢平安校园的铜墙铁壁。三是解决急难愁盼问题更加主动。比如，管理服务岗党员聚焦为师生办实事解难题，加快推进数字化改革、"健康工大"建设、改善住宿条件等一批民生工程项目落地。

浙江工业大学"暖流计划"推动
学习弘扬雷锋精神走深走实

浙江工业大学党委组织部　徐露　赵利娜

高校是传承和践行雷锋精神的重要高地和关键主体。浙江工业大学始终把传承雷锋精神作为立德树人的重要内容，从 2008 年起实施"暖流计划"，联合浙江省血液中心连续 16 年每月坚持开展无偿献血活动，先后荣获中国青年志愿服务项目大赛银奖、浙江省青年志愿服务项目大赛金奖、在杭高校无偿献血先进集体等 10 余项荣誉。

一、锻造"热血先锋"，推动雷锋精神常学常新

在第 60 个学雷锋纪念日前夕，学校党委认真学习贯彻习近平总书记对深入开展学雷锋活动的重要指示精神，向全校党组织和党员干部发出倡议，广泛开展学雷锋志愿服务，成立"热血先锋宣讲团"进行无偿献血知识科普宣讲。通过主题党日、团日活动，学校不断以雷锋精神引领广大青年学生身体力行、勇毅前行。"雷锋精神永不过时"成

为浙江工业大学青年的共识，涌现出多名"暖流计划"先进典型，如：浙江省第十五次党代会代表、2020级博士生李亚飞获全国无偿献血奉献奖铜奖、浙江省无偿献血奉献奖；2017级研究生王奇明累计献血72次，累计献血量26900毫升，被称为"90后热血好青年"。

二、汇聚"红色暖流"，推动雷锋精神常用常新

学校不断健全"暖流计划"工作体系，建立完善无偿献血志愿者库，研究制定《献血志愿活动申报制度》《献血管理办法》等管理制度，明确主题确定、活动发布、现场组织、宣传科普等各个环节工作流程，推进无偿献血志愿服务标准化、规范化。16年来，累计开展校园无偿献血114次，献血人次超1.5万人次，献血量超310万毫升。2022年以来，受到疫情及寒潮的影响，浙江多地发布消息称血液库存告急。为了更好地保障临床血液供应，学校连续开展"暖流计划"无偿献血及造血干细胞血样采集活动，全血献血423人，献血总量118270毫升，造血干细胞采样入库7人。

三、传承"大爱情怀"，推动雷锋精神常在常新

学校坚持把雷锋精神的时代价值融入思政教育、校园文化，形成了鼓励无偿献血的"暖流计划"、服务"五水共治"的"河小二行动"、关爱留守儿童的"春泥计划"等一大批学雷锋活动品牌，不断壮大学

雷锋志愿者队伍，完善学雷锋志愿者服务体系，切实把学雷锋活动融入日常、化作经常，积极引导广大师生争当新时代雷锋精神的传承者。学校青年志愿者积极参与 G20 杭州峰会、世界互联网大会乌镇峰会、全国大学生运动会等重大会议与赛事服务，特别在服务保障杭州亚运会、亚残运会中，学校 2700 余名预录用志愿者投入 6 个亚运竞赛场馆开展服务，以实际行动唱响"我在窗口写青春"最强音。

坚持以"入党是最大的思政教育"理念推动高校党校变革重塑

浙江工业大学党委组织部　曹颖

习近平总书记指出："培养什么人、怎样培养人、为谁培养人是教育的根本问题，也是建设教育强国的核心课题。"浙江工业大学党委围绕"入党是最大的思政教育"理念，以培养时代新人为使命，以为党育人、为国育才为目标，以党建育人为抓手，推动党校工作与人才培养紧密融合，推动高校党校体制机制的变革与重塑。

一、优化党校架构，构建协同育人格局

学校研究制定并出台了《浙江工业大学党校工作细则（试行）》等制度，系统调整学校党校架构，着力推动党校教育培训系统化、规范化、科学化。学校设立校务委员会作为党校最高决策机构，设立党校行政办公会议作为日常议事机构。下设机构，分别对应干部教育、思政育人、党建研究三大中心任务：党校办公室设在组织部，负责日常

管理和抓总工作；干部教育培训部设在继续教育学院，负责干部教育；党建思政教研部设在马克思主义学院，负责党建研究和党校师资建设；下设的分党校，分别由各二级学院党组织承担，负责学生党员培训。形成了由组织部牵头抓总，多部门协同运行的党校架构。

二、创新体制机制，严把党员发展"三关"

一是守好学生党员"入口关"。学校系统设计入党启蒙教育，组织二级学院党组织书记上好新生入学"第一课"，将党史、新中国史等"四史"教育纳入本科生必修课程，实现大一、大二年级学生全覆盖。学校实施"学生党员领航员"制度，为每一个新生班级配备1至2名党员领航员，重点负责新生班级的入党启蒙、学业指导等工作，列席团支部和班级工作会议，指导班团工作。二是把好学生党员"培养关"。打造开放式党校平台，鼓励引导每一位新生参加党校600题测试，由二级学院党组织副书记担任二级学院分党校校长，把学生入党和党员教育统筹抓起来，让大学生入党过程与学生成长成才的过程相融合。三是抓好毕业生党员离校"出口关"。毕业生党员教育管理重点抓好一堂党课、一声誓言、一纸寄语、一次传承的"四个一"活动。学校面向全校毕业生党员开展"走好人生的每一步"党纪国法教育党课，组织毕业生党员重温入党誓词，引导学生党员牢记入党初心、践行使命责任。学校还发放《给毕业生党员的一封信》，引导党员增强组织观念，做好组织关系转接工作，组织毕业生党员开展"党员领航—薪火相传"

系列活动，面向低年级同学分享成长成才经验，传承成才领航责任。

三、重塑课程体系，提升教育教学质量

聚焦提升党校培训与思政课教学之间的融合度和协同度，系统梳理入党积极分子、党员发展对象和预备党员培训班等主体班次，构建由感性认识上升到理性坚定的大党校课程体系。例如，2023年学校承办的全省入党积极分子培训示范班，打破传统常规，视频连线井冈山、西柏坡、嘉兴南湖等革命圣地讲解员实地讲党史党课，邀请村支书、企业员工讲身边的"八八战略"，邀请退伍军人讲形势政策深化爱国主义教育，邀请先进朋辈讲成长经历，以身边人、身边事激励人，获得参训学员的一致好评。推动党校教员和党务骨干成为我校马克思主义学院兼职教师，支持鼓励其开展党建研究，主动把事业发展的难点作为党建研究的重点。自2022年以来，学校入选全国党建研究会高校党建研究专业委员会课题1项，省教育科学规划党建专项课题3项，省普通高校党建研究专委会党建研究专项课题1项。

新时代新征程，新使命新任务。浙江工业大学党校将以培养时代新人为己任，健全体制机制，推动资源整合，构建具有校本特色、区域特点和时代特征的高校党校和党员教育培训体系，大力培养德才兼备、全面发展的中国特色社会主义合格建设者和可靠接班人。

科学构建导师制体系
保障大学生"三会一课"质量

浙江工业大学化学工程学院党委

"三会一课"制度是健全党内生活、严格党员管理、加强党员教育的重要制度。"三会一课"制度在高校学生基层党组织中，提供了学生党员强化政治学习、提高思想认识、增强党性修养的平台。但就整体情况看，由于未能很好地契合青年学生的特点，"三会一课"主题、内容与形式单一，缺乏吸引力与指导性，表现为"三会一课"的质量不高，思想引领作用薄弱，政治理论学习层次不够高，形式大于内容。

一、工作思路

针对大学生党员的特点，强化"三会一课"的导师队伍建设，是提升其质量的关键。因此，浙江工业大学化学工程学院（简称化工学院）党委组建了一支由"党建导师""理论导师""青马导师"组成的三维导师队伍，搭建了党员教育实践平台，形成"三维一体导师制"

体系，建立了导师遴选、激励、培养等机制。学院在完善"三会一课"组织保障体系，健全制度保障体系，强化质量监控体系等方面进行了积极探索，确保了"三会一课"的质量。

二、创新做法

浙江工业大学化工学院党委共有 28 个基层党支部，其中，精细化工党支部是学院典型的本科生党支部，由 1 名教师党员和 23 名本科生党员组成。支部通过推荐自荐、公开选拔的程序，聘任了 2 名"党建导师"——浙江省高校优秀共产党员王丽丽教授和党龄超过 50 年的退休教师支部书记朱锦忠老师。他们定期对党支部召开的"三会"进行内容、选题、形式上的指导，对民主评议进行监督，朱锦忠老师还会对支部拟发展的每位党员进行谈话考察。此外，支部还与"校优秀学生党员"徐衫同学结对，由他担任"青马导师"，发挥朋辈作用。徐衫同学就阶段理论学习成果与支部成员交流，在交流中碰撞思想的火花，在学习中共同成长。每学期，支部根据学院党课导师库和党课主题清单，结合支部实际与党员兴趣点，组织支部党课专题必修课和选修课的学习讨论，比如邀请浙江省"两学一做"宣讲服务团成员吴永德老师做专题必修党课，邀请学院党委副书记毛筱媛老师做"两岸关系"选修党课。支部组织本科生党员定期在杭州大木桥社区教育实践基地开展学习实践活动，累计达 20 余次，将学与做进行有效结合，真正让"三会一课"开展得生动有效。这些创新做法帮助该支部连续多年获得学院优秀党支部评比特等奖。

三、工作成效

学院党委科学构建了"三维一体导师制"体系，形成了《"青马导师"遴选细则及职责》《教师绩效考核细则》《党支部"堡垒指数"考核》《党员"先锋指数"考核》《优秀党支部、优秀党员评选细则》等9项遴选、激励、培养制度。目前，学院共聘任"党建导师"56名、"理论导师"102名、"青马导师"28名，对全院28个基层党支部的"三会一课"进行指导监督，确保"三会一课"开出实效，不断锤炼学生党员的先进性。近年来，学生党员参与社会实践服务工时每年达4000小时，获得奖学金比例达100%，获得校级优秀共产党员、校级先进基层党支部等荣誉称号12项。

（中共中央宣传部"党建网"2017年报道）

弘扬党建"工匠精神" 抓实支部班子建设

浙江工业大学化学工程学院党委

"政治建设 10 分，内部建设 31 分，作用发挥 34.87 分，活力激发 8 分，总分 83.87 分……"每年初，浙江工业大学化学工程学院的每位党支部书记都会收到一份特殊的"体检报告"，这是学院党委根据其创建的"基于高校中心任务的基层党支部'堡垒指数'评价与激励体系"，对全院所有基层党支部进行全方位的"党性体检"。每年 3 月，学院党委书记单伟光都会对每位党支部书记进行一对一指导，结合"体检报告"开出整改清单，并提出"复查"时限。"党性体检"让支部书记抓党建的主体意识更强、工作内容更明确、建设目标更清晰，使其不仅知道抓什么，还知道怎么抓，此举有效提升了基层党建的工作实效。

这只是单伟光管好组织、带好班子的妙招之一。在加强支部班子建设上，他有法有招，将"工匠精神"运用于党务工作中，以"选匠人"科学组建支部班子、以"树匠心"有效提高班子成员思想水平、以"提匠艺"有力提升支部班子党务工作能力，使各支部都成为坚强的战斗堡垒，推动党建工作从"保质量"到"出精品"。

一、工作举措

对于"工匠精神",单伟光有自己独到的见解,那就是要"守住一份信念,专注一项事业,追求一份卓越"。以一丝不苟、精益求精的"工匠精神"做好党建工作是他对自己的要求。

高校二级学院党委书记是基层党建工作的第一责任人,而基层党支部建设是党委书记必须守好的"责任田"。单伟光认为,耕好"责任田"、提升基层党建质量首先要选好、建强支部班子。面对基层党支部班子成员大多为"双肩挑"人员,对党务工作认识程度参差不齐,且相对缺乏专业的党建理论知识和党务管理经验等现实情况,单伟光以"工匠精神"抓实支部班子建设,严制度明责任,通过"选匠人""树匠心""提匠艺"等有效举措,选拔培育一批政治过硬、思想过硬、能力过硬的"党建工匠"。

（一）"选匠人",组建政治过硬的支部班子

工匠精神,匠人为基。2016 年,单伟光结合学院岗位聘任和党支部换届,制定了《党总支书记、直属党支部书记岗位聘任制度》,明确了支部书记岗位的选拔条件、职责、目标、考核和待遇。"干部不为民服务,价值不如小白鼠。以民为本、无私奉献,是做好书记的前提。"这是他在聘任仪式上对 25 位新上任的基层党支部书记的叮嘱。单伟光进一步明确了支部书记在人才引进、年度考核和廉政责任等事项中的主体责任,增强了支部班子的责任感与使命感,打造出一支"师生信

服、组织满意、德才兼备"的支部班子队伍。

（二）"树匠心"，打造思想过硬的支部班子

工匠精神，匠心为本。单伟光设计了专门的党务骨干培训课程体系，促使支部班子成员人人拥有一颗"不忘初心、坚守信仰、乐于奉献、追求卓越"的匠心。课程分为线上线下两部分。其中，线下课程主要以"红船精神"为指引，以校内外"红色党性锤炼营"为主阵地，以"我是党课主讲人""红色学习角"等活动为主平台，由支部班子成员轮流讲党课、带头讲党课。每年初，单伟光都要为支部班子成员上"党性锤炼第一课"，他要求每位支委都要强化宗旨意识、坚定理想信念，将党性注入灵魂、融入血脉、浸入骨髓。线上课程则围绕团队自主研发的"智慧党建"移动网络平台展开，在这一平台上，人人可讲课、时时可听课，真正形成了"全天候、开放化、菜单式"的支部班子成员教育新模式，依靠线上线下联动，学院党委打造出一支"讲政治、守规矩、有信念"的支部班子队伍。

（三）"提匠艺"，培养能力过硬的支部班子

工匠精神，匠艺为根。"作为基层党务工作者，除了要心中装着师生、肩上扛起责任，还要手里握有办法。"在学院"基层党建工程研讨班"开班仪式上，作为班长的单伟光如是说。研讨班以基层党建工作中遇到的重点难点问题为专题，引导班级成员运用系统工程、过程强化的方法进行研究，经过专家论证后形成解决方案，支部班子成员解

决实际问题的能力得到全面提升。除了让每位基层班子成员手里握有办法，学院党委还坚持管而有理、严而有序，根据《基层党支部"堡垒指数"考核制度》对党支部进行"党性体检"，根据《党支部书记年度党建工作述职制度》对党支部书记进行年度考核，推进基层党组织标准化建设，发挥激励作用，打造出"有担当、敢创新、争一流"的支部班子队伍。

二、经验启示

高校党建工作是一个系统性的工程，推动全面从严治党向基层延伸必须将每个党支部都建成坚强的战斗堡垒，而党的基层组织的战斗力如何，关键在于有没有一个坚决执行党的基本路线、密切联系群众、团结战斗的党支部班子队伍。因此，二级学院党委书记如何耕好"责任田"、牵好党支部班子队伍建设这个"牛鼻子"至关重要。浙江工业大学化学工程学院党委用"工匠精神"做党建工作，坚决落实"党的一切工作到支部"的要求，深入把握了基层组织建设的规律，把班子队伍建设当成一项事业、一门专业。抓住党支部班子建设这个关键点，以岗位化设置和"双强"型配备选强这支队伍，以政治性、专业性的课程体系建强这支队伍，以科学化、精细化的"党性体检"考核激励这支队伍，在关键处下功夫，起到事半功倍的效果。将支部每位班子成员培养成为"党建工匠"，有效解决了现阶段高校基层党支部班子队伍建设存在的主要问题，牵好了"牛鼻子"、守好了"责任田"，为高校基层党支部班子建设提供了很好的参考范式。

（入选《基层党组织书记案例选编（高校版）》，

党建读物出版社，2020 年）

"学生党员领航工程"

——基于"五维联动"的党建育人长效工作机制探索

浙江工业大学信息工程学院党委　陶进

浙江工业大学信息工程学院学生党总支下设 6 个本科生党支部、13 个研究生党支部，支部设置建在专业上。学院围绕"深化服务增活力"主题，充分发挥党建育人的龙头作用，进一步深化学院"党员领航工程"品牌工作，建立"以党建为龙头，党建带团建、党建促班建、党建推创新、党建助升学"的"五维联动"的工作机制，发挥基层组织的整体性、协同性，切实推进学习型、服务型、创新型党组织建设，有效地激发学生党员的战斗力和凝聚力，取得了丰硕成果，科研竞赛有诸多突破，学风班风有较大提升。2015 年，学生党员获校级奖学金的比例超过 70%，在校级以上各类竞赛中获奖比例达 74.2%，有 70%以上的党员在各类学生组织任职，全院学生参加各类课外科技活动比例超过 90%。2013 年，学院被评为校基层党建工作示范点；2014 年，获评校"支部建设创新活动一等奖""支部建设创新活动组织奖"及"浙江省高校第五轮支部建设创新活动优秀项目"；2015 年，浙江电视

台 "党建好声音" 栏目专题报道学院 "学生党员领航工程"。

一、"党员领航、五维联动" 计划的实施路径

为充分发挥党组织的战斗堡垒和党员的先锋模范作用，深化 "党员领航工程"，学院先后起草制定了《信息工程学院学生党员领航工程实施意见》《信息工程学院党性教育义工制》《信息工程学院竞赛领航实施办法》《信息工程学院党员先锋岗制度》《信息工程学院党员领航员考评制度》，印发《党员领航员工作手册》，并通过定期培训、考核，不断完善学生党员领航员的选拔机制、激励机制及考评机制。学院完善了一系列保障制度、监督制度，逐步建立起 "以党建为龙头，党建带团建、党建促班建、党建助升学、党建推创新" 的 "五维联动" 长效工作机制。

（一）五维联动之核心：以党建为龙头，促进理想抱负的引领

学院组织开展 "争当育人先锋和成才先锋" "建学习型组织，做学习型党员" "党员领航，践行中国梦" "党员领航，点燃微梦想" "先锋领航员，服务毕业生" "两会学习三分享，践行梦想三服务" 等党员领航系列主题教育实践活动。在学院举办的 "红色情，燃我心" 红色文化节上，学生党员领航策划、组织、参与了唱红色歌曲、读红色书籍、展红色风采等活动。学院还建设了 "信息 e 家党建园地"、"信息 e 路先锋" 微博群、"信息青马" 微信平台等新媒体平台，积极传递党建工作

信息和红色正能量。

（二）五维联动之横向：以党建带团建，强化实践能力的领航

学生党员领航员负责对班级团支部工作进行指导，为班级团支部活动出谋划策，可推荐团支部骨干或优秀入党积极分子，旁听党支部"时政相对论"等活动，带动提升团员的政治素质和理论水平。支部在负责入党积极分子培养考察等工作的同时，切实帮助被考察同学提升能力素质。此外，学生党支部书记、支部骨干带领团员青年远赴四川等地开展扶贫支教、科技服务等志愿服务活动。

（三）五维联动之纵向：以党建促班建，加强班风学风的领航

通过支部推荐和公开选拔，选拔建立"四年一贯制"党员领航员队伍：包括新生班级的党员领航员、大二和大三年级的竞赛领航员、寝室党员领航员、毕业班的就业领航员。针对不同年级的特点，协助学院年级辅导员和班主任做好相应的班级管理和思想引领工作，开辟了党员答疑"求索园地"，开展了党员"寝室督学""动态舆情管理"和"就业零距离一帮一"等特色活动，实现学生党员在班风学风等领域的领航。

（四）五维联动之高度：以党建助升学，助推求学深造的领航

加强研本互动，选拔优秀硕士、博士研究生党员领航"研究生党员助考行动"，对低年级学生开展考研、考博专项辅导。支部还举办了

"新e代成才论坛"党员助考与出国留学专题论坛，帮助学生培养理想抱负，营造良好学习氛围，从而提高学院的考研、考博升学率。

（五）五维联动之深度：以党建推创新，提升专业素养的领航

将"党员之家"建在学院创新基地内，为党员参与课外科技创新活动提供便利和平台；实行《竞赛领航制度》，要求每位党员都参与科技创新活动，同时带动所在寝室、所在班级、党建班级的普通同学参与科技创新。选拔优秀党员领航指导学生课外科技活动，与积极分子通过"一对一"或"一对二"的形式结对，做好经验传承和氛围营造。

二、"党员领航、五维联动"计划的初步成效

通过实施"党员领航、五维联动"计划，有效整合了各项党建育人资源，拓展了学生党员作用发挥的平台，"以党建为龙头，党建带团建、党建促班建、党建推创新、党建助升学"的"五维联动"长效工作机制已初步建立，进一步提升了党支部和党员的竞争力、辐射力和影响力，有效促进了优良院风、班风的形成，强化了学生党建育人功能。

（一）"党员领航，五维联动"完善支部制度建设，聚人心、促发展

在支部建设方面，党支部通过立章建制、规范管理，不断完善和

健全组织建设，进一步强化党员意识、组织观念和纪律观念，以拓展平台和创新体系，促使服务实践落实到每个党员的言行中，扎实的成效吸引了更多党员踊跃参与"党员领航、五维联动"活动。每位支部成员都明确了自身的责任和目标，党员争做先锋模范，非党员以向党组织靠拢为荣，把支部当成一个和谐的大家庭，积极建言献策，服务群众，共创优秀党支部。支部各项建设的优化，增强了基层党组织推动发展、服务群众、凝聚人心、促进和谐的作用。

（二）"党员领航、五维联动"激励党员模范表率，争先进、创优秀

在综合素质方面，"党员领航、五维联动"计划激励了党员的先进意识和行为，各党员争相参与党内外的活动，着力通过学习与实践提升政治素养、专业水平、综合能力，获得了丰硕的成果。自 2014 年以来，学生党员荣获数学建模国际赛一等奖、全国大学生数学竞赛一等奖、全国大学生智能汽车竞赛一等奖等荣誉 29 人次，并在全国大学生数学建模大赛、全国大学生电子设计竞赛、省级大学生智能汽车大赛等各类国家级、省级学科竞赛中累计获奖近 200 人次，保送到清华大学、北京大学、复旦大学、浙江大学等高校读研的学生达 88 人。

（三）"党员领航、五维联动"强化党建育人功能，勇实践、共进步

在服务实践方面，支部党员和其他成员通过"党员领航、五维联

动"计划发挥了团结和引领作用，使其所在班级、结对支部形成良好的班风学风。新生班级党员领航员，在班级党建、班建、团建等方面发挥正能量，帮助新生更快适应校园，带动班级形成优良学风，促进班级凝聚力建设，积极引导确立个性化发展目标。党员对入党积极分子定期开展学业和竞赛辅导，全院学生的竞赛参与率从2010年的69%、2013年的79%上升到2016年的超过90%；毕业班的党员领航员积极带动提升班级就业率和就业层次，学院2016届本科生升学率达32.67%。此外，支部的学生党员通过寝室领航员、党员先锋岗等在寝室管理、团体活动等工作中发挥了积极作用。

二十载坚守初心　不遗余力答疑解惑

浙江工业大学理学院党委　陈洋洋　朱逸芳　王丹婷

在浙江工业大学，有这么一个组织，牺牲休息时间志愿服务同学们的专业学习。在浙江工业大学，有这么一群党员先锋，用行动践行朋辈互助的精神。在浙江工业大学，有这么一个数理答疑室，近 20 年来，坚守初心，不遗余力地为全校学生答疑解惑。经过最初的探求摸索，理学院数理答疑室已经成长为一个功能集聚、活动系统、理念先进的朋辈互助答疑平台，赢得全校师生的一致赞誉。

一、案例简介

2003 年，理学院是屏峰校区正式投入使用后率先入驻新校区的第一批学院之一。当时的屏峰校区交通不便，教师大多住在城里，同学们尤其是大一新生的辅导答疑较难实现。根据新校区面临的特殊教学困境及学生普遍遇到的课程学习难题，理学院的同学们提出了要建设朋辈互助实践基地——"数理答疑室"。提议一出，便得到了广大理学院师生的积极响应，一批党员师生行动了起来，率先加入数理答疑室，为全校学生进行志愿答疑服务。近20年来，理学院数理答疑室坚持以学生为本，以学生学习问题为导向，以服务基础教学为核心，从经验不足到线上线下答疑双管齐下，成为课堂教学之外的有效补充，极大提升了学生学习效果。

二、特色做法

以关爱为和弦，以勤劳为箭镞，逻辑中辩理，方寸间识数。近20年来，数理答疑室的"小老师们"在每周末18：00—21：30，都会准时来到固定的答疑教室，为全校学生解决数理难题，坚持和传承让他们闪闪发光！截至目前，数理答疑室累计服务人次已达数万人，背后是一届又一届学生的初心传承。

"一定给出更优解答"是数理答疑室成员作出的承诺。在每学期初的"集体备课会"上，答疑室成员就如何得出好理解、易接受、能运用的最优解展开热烈探讨，除解答基础课程、课业考试范围内的问题外，数理答疑室还引入了学科竞赛和课外科技竞赛的相关知识，并将精心挑选的数理参考书目推荐给大家。

三、实践成效

在发起数理答疑室的这批同学中，近七成学生成功保研，也涌现

出了如在 *Science* 上以第一作者发表论文并从北京大学毕业后留校任博士生导师的李阿明、获得美国大学生数学建模竞赛特等奖提名奖的戴真奕、毕业后参加大学生志愿服务西部计划的吴自辰等优秀人才。"授人玫瑰、手有余香"在数理答疑室的实践中彰显得淋漓尽致。

疫情期间，理学院利用"互联网＋教学"模式全力深入推进网上"数理答疑室"平台建设，依托学科平台和专业力量，迅速组建起一支由教师党员、优秀学生党员和学生骨干志愿者等组成的线上志愿服务团队，按照课程分类设置在线答疑群，面向全校学生开展高等数学、线性代数、大学物理等公共基础课的在线答疑，共计有 1520 余名学生加入了答疑群。从 2020 年至今，党员教师和学生骨干志愿者坚持每天线上服务，以线上的教与学全面提升疫情期间的师生互动和家校联系。

数理答疑室发展至今，已不仅仅提供答疑服务，还积极开展全校性数理基础文化知识普及工作。"ZJUT 数理答疑室系列讲座"场场爆满，其中有"走进数学建模"沙龙、"数学的三次危机"讲座、"量子的世界"讲座、"来自星星的你"天文科普讲座暨观星活动等，涵盖了学科历史、科技前沿、学科竞赛、生涯规划等多个方面。

四、启示与思考

今后，答疑将成为涵养优良学风的重要途径，让同学们能够主动探索学习新方法，激发学习新动力。学院要继续坚持数理答疑的优良传统，通过线上线下相结合的方式推进公共基础课的答疑。同时，学校要有计划地组织开展学习交流分享会，鼓励同学们主动分享学习方法、学习经验、学习成果，要办好数理基础学科报告会，弘扬科学家精神，牢固学生专业兴趣，鼓励青年学子积极投身基础学科建设。

（2021年浙江省教育系统"最美志愿服务组织"）

党员先锋　精英领航

——实施"7号室友"计划，发挥党建龙头作用

浙江工业大学管理学院党委

2012年，浙江工业大学管理学院党委推出并实施"7号室友"计划，由1名高年级学生党员作为新生寝室的"7号室友"，担任新生入学的辅导员、文明寝室的指导员、博学精英的领航员，带领6名新生将寝室打造成理想信念教育、党建育人、校园文化建设和学业学术交流的阵地。

一、主要做法

"7号室友"计划主要实施7个方面内容。一是完善组织构建，选拔队伍成员，构建起"学院党委—学科党总支—专业党支部—专业导师—'7号室友'"的组织构架。二是提高综合素质，做好入学引导，"7号室友"经培训合格后上岗，新生报到时全天候守在新生寝室进行

招待和引导工作。三是深化帮扶领航，指引成长成才，依照个性化的成长帮扶菜单，做好对应寝室同学在思想政治学习、行为习惯养成、课程学习、课外科技活动、素质拓展筹划及职业生涯规划等方面的指引。四是注重记录思考，加强自我提高，通过"助人—自助"模式提升"7号室友"综合素质，定期举办经验交流会、工作研讨会，开展新生调研。五是完善细化制度，建立长效示范，优化"7号室友"相关制度、考评体系，编制优秀案例、成果汇编等宣传材料。六是创建新媒体平台，建立微信公众号，以"一人带六人，线上连线下"的创新方式推动党建育人和文化传承。七是总结工作成效，优化长远目标，重视总结活动的实施情况，及时调整制订工作计划和目标。

二、实际效果

一是受益面广，计划实施以来，共有4批次325名党员担任低年级学生的"7号室友"，2300余名新生直接从活动中受益。二是实效性强，该计划推动新生始业教育做出特色和实效，开辟了学生党支部活动阵地，打造了安全、和谐、上进的文明寝室和"第三课堂"，构建了朋辈帮扶平台，发扬了学生党员榜样力量，为立德树人提供了支撑。三是满意度高，在"7号室友"监督指导下，新生寝室学风优良。"7号室友"提前发现和化解了安全隐患，新生和家长对学校育人工作的满意度明显提高。四是关注度高，"7号室友"代表曾在省委书记座谈会上做专题发言，本项目被多家媒体报道，并获评学校学生工作创新奖、校园文化品牌项目及党建育人工作品牌项目。

（2016年入选浙江省高校党建特色服务品牌案例）

联 建 助 航

坚持组织联建、人才联动、科研联攻，推动学校党建融入属地党建，实现创新链、产业链、人才链的一体部署，保障和服务国家重大战略，切实提升学校党建"嵌合力"。

构建高能级科创平台与产业经济发展、双向赋能的"工大样板"

浙江工业大学党委 陈微微 程宣梅

2003年,时任浙江省委书记习近平同志对浙江工业大学提出"建设成为各类优秀人才的培养基地和工程科学技术的研究开发基地"的重要办学指示。20年来,浙江工业大学始终牢记嘱托,锚定建强"两个基地"目标,聚焦浙江块状特色产业向现代产业集群转型升级的重大需求,谋深做实高能级科创平台与产业经济发展双向赋能文章,积极服务经济社会发展。特别是主题教育开展以来,校党委循迹溯源,深入学习贯彻习近平总书记关于科技创新的重要论述精神,大力开展调查研究,谋划推出对接浙江省"315"科技创新体系和"415X"先进制造业集群建设行动方案,实施"学科+产业"深度融合、创新团队对标攻坚、科技平台提能升级等8大行动,推动高能级科创平台发展与产业现代体系建设同向发力,努力为创新强省和制造强省建设做出更多工大贡献。

一、主要做法

聚焦服务国家战略需求，"学科＋产业"建强国家级科研平台。深入学习贯彻习近平总书记关于科技发展"四个面向"的重要论述精神，牢记建强"两个基地"的殷切嘱托，深化实施"一流学科攀登工程"，集中资源重点建强优势工科，以"学科＋产业"融合发展推动我校成为国家科技创新体系的重要支撑力量。面向国家原料药产业发展重大需求，加强国家化学原料药合成技术工程研究中心的建设，承担国家重点研发计划的重点专项6项，浙江省"尖兵""领雁"攻关项目3项。面向区域制药产业高质量发展需求，建强长三角绿色制药协同创新中心，打造制药领域具有国际影响力的品牌协同创新体，学校自主研发的产品和技术在全省近80%的制药企业中得到应用。面向国家"双碳"目标和浙江省"炼化一体化"产业布局，加快省部共建绿色化学合成技术国家重点实验室的建设。学校现有国家级科研平台10个，先后有800余项科研成果获国家级、省部级科研成果奖，其中包括国家科学技术奖28项，教育部人文社科优秀成果奖11项。

聚焦赋能区域高质量发展，"三位一体"建优地方科技服务平台。围绕省"315"科技创新体系建设，密切与白马湖实验室、甬江实验室等省级高能级平台合作，针对"卡脖子"关键核心技术问题启动"科研北斗计划"，实施科技攻关"揭榜制"和首席专家"挂帅制"，形成"标杆性撒手锏科研任务清单"，靶向引进省"鲲鹏行动"等各类"高精尖缺"人才，以内涵建设有效支撑产业发展。实施社会服务扎根赋能行动，发挥高校教育、科技、人才"三位一体"协同优势，按照"学校布点、学院建点、学科团队蹲点"的思路，建立健全科技服务体系，全面构筑校地合作网络体系。学校针对地方主导产业的发展，共建地方研究院，提供线上的科技服务；针对县域产业的发展，共建技术转移中心，提供面上的科技服务；对接区域重大需求，与地方政府共建莫干山研究院、富阳银湖创新创业研究院、拱墅产创中心等综合性高能级创新载体，打造政产学研用融合发展的标杆性工程。目前，已创建地方实体研究院 25 家、技术转移中心 47 家，实现 11 个地级市全覆盖。

聚焦制造企业创新驱动发展，产教融合建好企业科创平台。深化开展"大走访大调研大服务大解题"活动，围绕创新团队对标攻坚、成果转化提质增效、产教融合协同育人等关键性问题，组织多个调查研究组赴企业、科研平台等深入调研，设立调研课题 101 项，谋划推出一批破题对策，推动校企联动解题。针对"攻坚企业核心技术问题"，学校创新了"一学科对接一行业、一团队对接一名企"的模式，深化校企共建研发中心，目前已与企业共建研发中心和联合实验室 290 个，服务企业 6600 余家。如与河北石家庄威远生物化工公司联合攻关生物法制备草铵膦技术，指导企业搭建年产 1 万吨的生物催化制备 L－草铵膦生产线，助力企业转型升级、减量增效。针对"进一步强化协同育人平台建设"，联合行业企业共建产教融合平台，打造分行业"雇主品牌联盟"，强化社会服务与实践教育的结合，为学生提供全周期全流程的工程实训。针对"构建产教融合人才培养长效机制"，围绕数字化制造、现代生物、软件服务、地理信息等领域重点建设现代产业学院，联合龙头企业共建育人共同体、师资共同体、发展共同体，实施"行业精英进校园"计划，创新人才培养模式。

二、经验启示

推进科技创新必须坚持"四个面向"，推动高校发展与重大战略需求同频共振、同向同行。要牢牢把握习近平总书记提出的坚持"面向世界科技前沿、面向经济主战场、面向国家重大需求、面向人民生命健康"的重要指示精神，深刻认识高校在加快实现高水平科技自立自强中的重大责任、时代使命、主攻方向。作为高层次人才培养、科学研究、社会服务的创新资源集聚地，高校必须主动对接需求，依托自身优势建强高能级科创平台，做强学科专业，努力成为国家科技创新体系的重要支撑力量。

推进科技创新必须坚持"三位一体"，推动教育、科技和人才协调联动、融合发力。习近平总书记强调："教育、科技、人才是全面建设社会主义现代化国家的基础性、战略性支撑"。科技是第一生产力，人才是第一资源，创新是第一动力，科技创新必须把三者结合起来，实现"1＋1＋1＞3"的叠加效应。高校要主动对接产业需求，以"标杆性任务清单"指明科技创新方向，以"战略人才引育"支撑科技创新，建立健全立体式联动化科技服务体系，构建产教融合人才培养长效机制，实现一体建设创新平台、一体组织科研创新、一体培育创新人才，推动教育、科技、人才"三位一体"良性循环发展。

　　推进科技创新必须坚持协同发力，推动政府、市场、社会各方资源互促互补、共建共享。习近平总书记强调，"加快构建龙头企业牵头、高校院所支撑、各创新主体相互协同的创新联合体，发展高效强大的共性技术供给体系"①。推进科技创新，要将政府、市场、社会各方资源特别是校企地资源有机连接在一起，将分散的创新资源和创新要素组织起来，形成目标一致、相互协同、内生动力强、创新效率高、创新成果迸发的体制机制。要解决好"主导什么、融合什么、怎么深度融合"等问题，打通产学研的痛点、堵点、难点，促进创新链、产业链、资金链、政策链互动融合。要聚焦产业发展方向，坚持"资源共享、平台共建、优势互补、发展共赢"的原则，加强"校企地、产教研"多方融合，推动校企地相互赋能、融合发展。

---

① 习近平:《在中国科学院第二十次院士大会、中国工程院第十五次院士大会、中国科协第十次全国代表大会上的讲话》，2021年5月28日。

"党建共同体"推动党建与事业紧密融合

浙江工业大学党委　徐露

浙江工业大学党委着眼解决企业的"成长烦恼"和地方政府的发展难题，打造校企地"党建共同体"128个，精准服务国家区域经济社会发展，以共建促党建，以共建促合作，以共建促发展，努力实现高校基层党建与事业发展紧密融合。

一、主要做法

校企地"党建共同体"立足于党建和事业一体谋划、一体推进，推动学校基层党组织全方位对接企业、地方政府，在理论学习、组织建设、人才培养、事业发展等方面紧密合作，促进政产学研深度融合，推动基层党组织的政治优势和组织优势转化为发展优势，着力构建高校、企业和属地党建共建、共治、共享、共发展的新格局。

（一）画好校企地融合融通"同心圆"

通过构建理论联学、人才联育、科研联攻"三大联动机制"，有效促进校企地融合融通，不断提升党建"嵌合力"。一是理论联学。学校围绕贯彻落实党中央战略部署和省委工作要求，与属地联合开展学习研讨，推动校地重大决策、重点议题的前置研究，共享党建资源，建立互帮、互学、互助的长效机制，实现校企地高质量协同发展与提升。首创中心组联学机制，通过理论联学共谋校地高质量融合发展，该项工作获省委宣传部肯定批示。二是人才联育。聚焦浙江加快打造世界重要人才中心和创新高地的战略支点，着力打造战略人才力量，实施行业精英进校园计划，推动行业专家与学校教学团队共建课程、共编教材，参与人才培养方案制定、指导实习实训、创新创业训练等，形成互融互促、双向提升，培育一批高层次创新型人才，为支撑服务地方发展提供源源不断的动力。三是科研联攻。发挥政府、企业、高校中党组织和党员的作用，紧密对接国家、区域重大战略需求，打造"党建＋科研＋发展"的创新生态，推动多方在科学研究、项目培育、成果转化等方面深入合作，联合解决工程科学领域的"卡脖子"技术难题，推进重大成果的持续产出和产业化应用，打造"三服务"升级版，共同助力学校—企业—地方的高质量内涵式发展。

（二）搭建校企地资源共享"连心桥"

通过开展党员走亲、支部联建、事业共创等共建活动，在互动交流中推动校企地资源共享。一是党员走亲。联合开展"党建＋青年学术沙龙"等活动，以"三会一课"、主题党日为载体开展联学联教，不断提升党员政治素养、业务能力、先锋意识。二是支部联建。强化党支部政治功能和堡垒作用，推动院系党支部与有紧密产学研合作和社会服务关系的龙头企业、科研院所、地方政府等单位的党组织签约共建，不断创新支部工作内容和活动载体。学校保卫处党支部与公安、消防等单位联合建设"警校共建党员服务站"，打造平安建设新"窗口"和校园治理新格局。三是事业共创。加强共建联建，构建"共建组织、共抓队伍、共享资源、共谋发展"的党建工作新格局。学校与德清县康乾街道党支部联合打造"共建实践基地、共商社会治理、共享文化交流、共促合作发展"等平台载体，双方共同培育环浙江工业大学知识经济圈，推动区域大发展，形成校地合作新典范。

（三）打造校企地合作共赢"共同体"

学校坚持打造融合、协调、共享的"党建共同体"，有效促进校企地合作共赢。一方面，坚持"学校布点、学院建点、学科团队蹲点"三级联动。学校与省内外60余个市、县（区）建立了合作关系，建立了30余家地方实体研究院、50个技术转移中心和产业联盟，与企业共建230余个技术研发中心，服务了6600多家企事业单位，有效推进高校与产业、经济、社会等联动发展。仅2020年，党员师生累计进企业服务4000余人次，助推浙江企业创新发展。另一方面，主动服务重大战略和区域经济发展。主动对接浙江省数字经济提质创新"一号发展工程",围绕数字产业化领域,推进以院士领衔的高端人才队伍建设,建立了浙江省网络空间安全创新研究中心、浙江省嵌入式系统联合重点实验室等高水平科研平台。以国家重点研发计划等项目为牵引,荣获6个省部级科学技术奖,在5G关键磁性材料、工业互联网与安全、智慧交通等方面的关键技术得到应用。与中电海康、浙大中控、华为等企业形成了紧密合作,取得了显著的经济和社会效益。新华网、光明网、光明日报客户端、党建研究网、浙江新闻客户端等多家社会主流媒体进行专题报道,多家社会主流媒体给予充分肯定。

二、经验启示

校企地"党建共同体"建设,有效把党建互促共进的政治优势转化为发展优势,是浙江工业大学党委主动担当作为、积极助力地方社会经济发展,服务浙江"重要窗口"建设和"高质量发展建设共同富裕示范区"的一项重要创新举措。一是突出"大党建",通过开展党建跨域大协作,实现资源共享、优势互补、协同发展,以共建促自建,强化高质量党建引领。二是突出"大格局",探索"党建+"的基层党建工作新路径,不断拓展、丰富党建工作内涵,形成共建共享的党建工作新格局。三是突出"大服务",紧密对接国家、区域重大战略需求,发挥高校人才智力优势,深化"有用的科研",不断推进高校党建工作与事业发展相融合。

(2021年入选浙江省委教育工委校企地"党建共同体"试点高校)

党建联盟助力院企绿色发展

浙江工业大学化学工程学院党委

为推动院企双方开展化学化工领域的科学研究，解决技术领域难题，加快推进重大成果的持续产出和产业化应用，打造人才"传送带"，搭建社会服务桥梁，浙江工业大学化学工程学院党委与浙江新安化工集团股份有限公司技术中心党总支部决定在党建领域开展长期、全面、可持续的合作交流，搭建共创、共治、共享平台，联合打造"红色联盟"党建联建共同体，助力院企绿色发展。

一、主要做法

秉承"资源共享、优势互补、注重实效，共同发展"的共建原则，发挥双方优势，促进教育链和产业链的有机衔接，实现双赢。

（一）思想共享

纵深推动理论武装工程，进一步推动学习贯彻习近平新时代中国特色社会主义思想主题教育走深走实，就人才培养模式、产学研合作、科研管理等内容组织开展专题党课，针对共性问题开展多形式、多载体、多维度的研讨和交流，加强院企碰撞，形成更多合作模式，促进双方发展。

（二）组织共建

本着"强组织、增活力、促发展"的原则，拓展并完善双方党组织功能，充分发挥红色联盟的优势，资源互通、经验共享、问题共解、责任共担，不断强化双方党组织的政治功能和服务功能，以党建为引领，促进各项工作健康持续发展。

2022 年 4 月 13 日，化工学院党委赴新安化工集团开展主题党日活动，双方立足各自特点、优势，通过开展党组织结对共建活动，推动双方以课题和项目为纽带，在人才培养、高端人才引进的供应链上开展更为深入和密切的合作，以"一带一链"的模式推进党组织创先争优，不断增强创造力、凝聚力和战斗力。以党建创新推动发展，凝聚党建工作共识，促进双方党建与事业发展的"双融双促"，全面提高党组织结对共建效能。

（三）人才共育

结合实际工作开展产教资源联动，共同培育化工领域的时代新人。推动企业导师进校授课，加强学生对企业运营模式和生产实践的认识，帮助学生更早做好职业规划；推动新安化工集团"科学家精神""劳动精神""工匠精神"的实践教育基地建设，增加本科生实习工作机会，有效对接新安化工集团的毕业生招聘工作；以项目为纽带联合培养博士（后），由新安化工集团内部专家担任联合培养人才的企业导师，加速紧缺人才培育，打通高端人才供应链。

曾在研究生一年级获得"新安奖学基金"的化工学院学生吴利航，在校期间申请了 5 项国家发明专利，包括 3 项已授权专利，曾连续 3 年以综合分专业第一的成绩获得校研究生一等奖学金。2020 年从化工学院博士毕业后，吴利航响应习近平总书记"把论文写在祖国大地上"的号召，考取了浙江省定向选调生，选择回到家乡兰溪，扎根基层，用实际行动诠释"为人民服务"的真谛。

（四）项目共创

企业聘请化工学院教师作为科研顾问兼任项目团队导师，参与科研课题和项目技术评审、产业化指导以及专业授课等工作，实现学术资源、研究成果、科研信息的联动互通，深化产教融合，提升科研项目的针对性与有效性。

（五）难题共解

难题共解。继续推动"三为"专题实践活动常态化长效化，围绕院企发展中的科研"卡脖子"难题、人才培育难题、师资提升难题等开展深入研讨，凝聚双方力量，群策群力，推动双方在解难题中谋发展，在变局中开新局。

化工学院化学工艺学科翁建全老师以"20%呋虫胺悬浮剂小试配方开发"为立项题目,以为企业解难题为目的,为新安化工集团研发新型农药剂型。翁建全老师在生物活性分子的设计与合成、精细化学品的开发和绿色合成技术等研究领域取得了众多突出的成就,完成多项国家级和省级科研项目。

二、工作成效

(一)共建"绿色化学研究院"

新安化工集团投入 1000 万元与我院签署了《绿色化学研究院共建协议》,共建"绿色化学研究院"。双方共建的"绿色化学研究院"聚焦行业共性难题、生产需求与未来发展,第一批科研项目经过半年多的联合攻关,取得了一些标志性成果。校长李小年表示此次与新安化工集团共建绿色化学研究院,将开启双方合作的新征程。

2021 年 9 月 24 日,绿色化学研究院召开第一次联席会。绿色化学研究院院长、化学工程学院院长王建国指出要落实好"四新"要求,新安化工集团是出题人,绿色化学研究院不仅是答题人,更应该做好引路人,除解决技术难题外,也要做好牵引性基础研究,以基础研究引领产业方向。绿色化学研究院以"大项目引领,实施灵活"为原则,以现有产业规划为基础,以学院教师人才为智库支持,以项目落地为目标,通过定期召开联席会,建立定期交流机制,指导每个项目组成员不定期沟通并撰写进展报告,邀请校外专家做论坛,指导研究院工作，大项目实施"揭榜挂帅"制，最大限度地调动人员积极性。

（二）签署多项捐赠项目

2013年10月，新安化工集团捐赠300万元设立了"Wynca新安奖教奖学基金"，其中180万元专项用于资助优秀青年教师的基础理论研究、前瞻性技术研究、清洁生产工艺关键技术研发、环境保护技术研发等；120万元用于资助优秀硕士研究生，激发研究生的学习积极性和创新热情。

新安化工集团重视人才培养、重视科技创新，捐赠500万元设立了"浙江工业大学新安创新基金"，开展新安科技论坛、学术沙龙、双方实验室开放共享等产学研合作，促进了校企科研人员的深度交流，进一步深化双方在战略对接、产学融合、人才培养、创新平台建设和科技成果转化等方面的合作，全面探索产学研用合作的新机制、新样板、新成效、新目标，成为新型研发机构党建联盟的新范式。

（三）设立"新安杯"科研创新奖，开展青年学者学术沙龙活动

为充分发挥学术交流与合作对科技创新的促进作用，实现在"四个面向"原则下做"立地顶天"的科研，2022年5月21日至22日，浙江工业大学化学工程学院通过"优秀青年学者作主旨报告＋青年学者参加科研创新奖评比"的形式，联合新安化工集团，成功举办了"新安杯"科研创新奖评选暨第二届青年学者学术沙龙活动。青年学者围绕"绿色化学合成、节能减排和新能源开发""氢能源、电池材料""膜

材料与应用""多相反应过程模拟与优化过程强化装备开发""离子液体与气体吸附催化"等多个研究领域，分享了科学研究的背景、进展、成果、技术难题、交叉合作需求以及下一阶段科研计划。报告结束后，参会的教师就感兴趣的学术问题进行了深入的交流与探讨，"新安杯"科研创新奖评选与青年学者学术沙龙活动鼓励青年教师做科研既要"顶天"，也要"立地"，要在"四个面向"的指导下，做"接地气"的工作。

（四）打通毕业生招聘专项通道

结合实际工作，推动产教资源联动，共同培育化工领域的时代新人，有效对接新安化工集团的毕业生招聘工作。2022年，新安化工集团在化工学院开展了多场专场招聘会，建立了良好的雇主品牌形象，截至2024年4月，该集团已成功引进浙江工业大学优秀应届毕业生15人。

三、经验启示

化工学院党委和浙江新安化工集团股份有限公司技术中心党总支部通过开展党组织结对共建活动，推动双方以课题和项目为纽带，在人才培养和高端人才引进的供应链上开展更为深入和密切的合作，以"一带一链"的模式推进党组织创先争优，不断增强创造力、凝聚力和战斗力，以党建创新推动发展，凝聚党建工作共识，促进双方党建与事业发展的"双融双促"，全面提高党组织结对共建效能。

党建联建有组织科研，
聚力攻关"卡脖子"技术

浙江工业大学生物工程学院党委

浙江工业大学生物工程学院党委在沈寅初院士、郑裕国院士的带领下，深度参与国家及区域战略性新兴产业的实施和主导优势传统产业的转型升级，坚持抓党建带全局，聚焦生物制造领域的"卡脖子"技术攻关，与26家单位开展党建联建，形成了组织联建、业务联抓、科研联攻、成果联创的党建联建新合力，为加快实现高水平科技自立自强、推动事业高质量发展凝聚了强大力量。

一、"有组织科研"，赋能中心工作

把党建工作做在"有组织科研"上，聚力赋能中心工作质效提升。学院党委强化党建统领，建立同频共振、融合发展的党建联建机制，打造校企地党建共同体，成立党员工作室15个，通过理论联学、技术联攻、成果联创、人才联育，推进"有组织科研"。学院承担了国家重点研发计划项目 5 个、千万元以上企业委托重大项目 14 项。

二、联建重大项目，助推关键核心技术攻关

把党的组织联建放在重大项目上，聚力助推关键核心技术攻关。为加快突破生物制造领域技术瓶颈，打造健康食品产业标志性成果，学院与浙江华康药业共建临时党支部，每周召开计划通报会，每月举行飞行调度会，推动组织紧密协同、项目高效推进，实现国内外首次系列功能性糖与糖醇产品的智能化连续化生产，获中国轻工业联合会科技进步一等奖，关键核心技术攻关实现了新突破。

三、磨炼干部党员，驱动创新破难题

在攻坚任务上磨炼干部党员，聚力驱动创新破局纾困解难。紧密对接区域重大产业需求，与杭州医药港小镇开展党建联建，强化干部带队、人才赋能，共建钱塘生物产业研究院，成立浙江工业大学现代生物产业学院，承担国家重大攻关项目，组建"党员突击队"，深入一线破解联建企业发展难题，推动科技成果转化。建成工业化生产线 40余条，累计创造直接经济效益超千亿元，为区域经济发展聚合强劲红色动力。

学院党委入选"全国党建工作标杆院系"，累计获得国家科技奖 3项、省部级科技一等奖 10 项、中国专利优秀奖 3 项、省专利金奖 2 项。

学院党委紧扣组织共建、人才培养、科技攻关三大关键，打造党建"链"建金名片，创新服务区域创新发展与新型科研成果转化机制，为构建具有浙江特色、教育特色的党建联建机制提供了样板。

（2023 年入选浙江省高校校企地党建联建典型案例）

以党建联建建设，绘制校企融合"同心圆"

浙江工业大学药学院中药研究所师生联合第一党支部

为深入学习贯彻习近平新时代中国特色社会主义思想，充分发挥基层党支部的战斗堡垒作用和党员先锋模范作用，激发党员活力，凝聚党员力量，浙江工业大学药学院、绿色制药协同创新中心中药研究所师生联合党支部（简称浙江工业大学药学院中药研究所师生联合第一党支部）以"全国党建工作样板支部"培育为依托，以"围绕中心抓党建，抓好党建促发展"的工作理念，以建设政治引领好、立德树人好、作用发挥好的"三好"党支部为目标，与正大青春宝药业有限公司协商，签订了"党建联建"合作书。

依托各自独特的优势资源，双方开展结对共建，以"理论同学、思想同领、组织同建、品牌同筑、服务同行、成效同享"为主要内容，以"联学、联育、联享、联创"为合作途径，提升党建工作水平，共同建立校企地党建联建，有效推进基层党建与人才培养、科研工作、社会服务的深度融合。

一、主要做法

（一）理论联学，构建校外育人实践基地

以党的政治建设为统领，创新思想引领新模式，促进理论与专业深度融合、同向发力，做到思想统领，同频共振。共建双方开展"研讨一刻钟"理论学习活动，每次召开对接会前，针对《中医药发展战略规划纲要（2016—2030年）》《关于促进中医药传承创新发展的意见》《"十四五"中医药发展规划》等重要文件开展理论学习，从而强化理论指导，探索建立一套协调、高效、灵活的校外实践基地"校—人—企"体系运行机制，建设稳定的"校企合作紧密、管理机制完善、培养模式创新"的校外实践教育基地。

（二）人才联育，深化校企育人合作

围绕企业科技创新需求和高校人才培养要求，为加快"以企业为主体、市场为导向、产学研相结合的创新体系"建设，在师资培养、实践教学、人才输送等方面推进校企深度融合。双方成立基地建设小组和工作小组，定岗明责，从科研项目、学生培养和实践管理三个方面制定科学的实践基地教学管理文件，确保校外实践教育基地的正常运行及规范化管理。实践基地工作小组主要由中药研究所实践指导教师和企业的技术专业人员组成，负责制订实践教学的具体内容，组织研究生参与不同实践项目的培训工作，以及制度管理、综合考评等管理性工作。

（三）科研联享，推进科研项目联合申报

结合专业与学科特点，深入践行"为企业解难题"，把企业的"难题"当成"课题"，把党史学习教育的成效切实转化为服务企业、服务地方的实际行动。以"企业文化进校园，学子成才助企业"系列活动为载体，共筑党建文化长廊。共建双方持续推进党建统领中心工作，开展了一系列的科技创新活动。共建双方申报并获批 2022 年度浙江省"尖兵""领雁"重点研发计划项目：中药新药开发研究——治疗高尿酸血症的中药新药芪苓颗粒临床前研究（编号 2022C03062，经费 600万元），为中药新药研发提供了一条可借鉴的研发思路。

（四）成果联创，强化平台建设，提升中医药产业影响力

依托校企地党建联建，整合双方优势资源，双方党组织通过活动内容丰富化、活动形式多样化、活动载体创新化、活动成效显著化等，互通有无，优势互补，搭建合作共赢平台。围绕我省重点打造"三大科创高地"中的生命健康领域，推进科研成果向现实生产力转化，促进中药行业积极发展，共建双方申报并获批"中药先进制造技术浙江省工程研究中心"。2021 年，双方共同承办以"中药新药创制"为主题的浙江省药学会中药与天然药物专业委员会年会，围绕中药制造的精益化、信息化、数字化、智能化和绿色生产的需求展开技术开发及科技成果转化开展讨论，为实现我省从中医药大省到中医药强省的战略目标提供创新动能。

二、经验启示

党建引领，凝聚合力。党建联建是双方党建工作的有益尝试，体现了变革思维、统一思维，符合党建工作实际需求。浙江工业大学中药研究所与正大青春宝药业有限公司通过党建联建，整合双方资源，经过几年建设，在人才培养、科研工作、社会服务等方面都取得了实质性进展。主要成效如下：

人才培养方面，双方共建校外实践基地"校—人—企"育人样板，形成一套完善的管理运行机制和创新人才培养模式，至今已有近300名药学院本科生参加青春宝的认知实习，有10名研究生的毕业设计以完成青春宝的项目为主。

科研工作方面，双方共同签约横向项目4项，共同承担浙江省"尖兵""领雁"重点研发计划项目1项，合作发表科研论文4篇，授权发明专利3项。

社会服务方面，双方共同申报并成功获批"中药先进制造技术浙江省工程研究中心"，共同承办学术会议2次，为浙江省的中药制药行业发展提供创新动能。

校企党建联建有利于组织共建、资源共享、问题共解，是党建体系新格局建设的实践，也是党建工作和研学方面合作模式的创新，这必将进一步强化党建引领，促进校企融合，推动研学合作迈上新台阶。

打造"党建共同体"，
实现党建与事业融合发展

浙江工业大学材料科学与工程学院党委

一、案例简介

浙江工业大学材料科学与工程学院党委及所属党支部积极探索同与学院或学科团队有紧密产学研合作和社会服务关系的龙头企业、科研院所、地方政府的党组织签约，结成校企地"党建共同体"，通过"理论联学""党务联建""科研联攻""人才联育""品牌联创""榜样联动"等形式，以共建促自建，实现共同体双方优势互补、产学研用互促，以党建为引领，着力推进高校基层党建与事业发展深度融合、同向同行，推动实现"党建强、发展强"的目标。

截至 2024 年 4 月，学院已累计签约"党建共同体"单位 25 家——相关活动参与人数超 1200 人次，与签约单位开展科研合作、人才交流 70 余项次，提供咨询服务 180 余项次，合同科研经费累计 3046 万元。此外，新华网、光明网等权威媒体累计报道 30 余篇次，相关报道点击量达 200 万；在党员教育管理、人才培养和社会服务等改革发展方面取得显著成效，在省内外形成了一定示范效应。

二、工作举措

学院党委及所属党支部通过"理论联学""党务联建""科研联攻""人才联育""品牌联创""榜样联动"等"六联工作法"，不断激发党组织的活力和战斗力，调动师生党员的主动性、积极性和创造性，实现党建引领业务、党建促进发展的目标，为党建工作和事业发展深度融合找到了有效途径。

（一）理论联学

共建党支部开展理论联学联教，推动学史"联谊"、党建"结亲"、支部"联姻"、学术"聚心"。如在党史学习教育中，学院发起联合北京大学、上海交通大学、井冈山大学、延安大学等国内 8 所革命圣地高校的材料学院党支部开展"同上一堂党史课"联学联教活动。

（二）党务联建

重点围绕党支部政治建设、思想建设、"三会一课"、主题党日等，实现党务工作联建，已开展党支部书记、支部委员工作经验交流与分享等活动 50 余次。

（三）科研联攻

学院党支部与浙江省久立特材研究院共建专家工作站 1 个，与横店集团东磁股份有限公司、杭州本松新材料技术股份有限公司等行业龙头企业开展科研合作、人才交流 70 余项次，提供咨询服务 180 余项次。

（四）活动联办

宣传学习推广"党建共同体"单位的典型经验与做法，与中国科学院宁波材料所党支部、学校计财处党支部、德清县科技局党支部等联合开展"党员走亲"、志愿服务、读书沙龙、科研讲座、产学研论坛等活动 50 余场。

（五）人才联培

与"党建共同体"单位中国科学院宁波材料所联合培养研究生 30 余名，累计组织 60 余名师生到苍南莒溪中学开展支教活动，通过发起彩虹助学基金捐赠、爱心信使结对等，实施关爱行动与精准帮扶。

（六）品牌联创

联合打造"党建共同体"建设品牌，以及"党建共同体"单位的其他优秀党建品牌，定期进行工作总结与经验分享，针对品牌创建过程中发现的问题做好调研分析，共同打造、推广党建工作品牌。

三、工作成效

（一）引领学院事业高质量发展

在党员教育管理、人才培养和社会服务等方面取得显著成效。累计签约"党建共同体"单位 25 家，活动参与人数累计超 1200 人次。与横店集团得邦照明股份有限公司、横店集团东磁股份有限公司等共建单位的合同科研经费累计达 3046 万元。学院成功申报一级学科博士点；2 个专业入选国家一流专业；到校科研经费首次突破 5000 万元，人均科研经费达 91.5 万元；新增 200 万—1000 万元重大横向科研项目 9 项；2022 届本科生升学出国率达 66.04%，连续 7 年超过 50%；主动融入学校"浙北硅谷"规划与建设，与德清县科技局、物产中大集团等开展合作，外派挂职干部教师 8 人。

（二）提升学院党建工作美誉度

新华网、光明网、《光明日报》客户端、中国新闻网、中国教育在线、党建研究网、浙江新闻客户端、浙江之声等多家媒体，对学院党建引领事业发展工作进行了报道，累计 30 余篇次的报道点击量达 200 万。报道充分肯定了有关做法，指出"党建共同体"工作在"破解高校基层党建难点"和"为'三服务'铸魂赋能"方面提供了经验借鉴，并在高校二级学院党委联合开展党史学习教育新模式方面进行了有益探索。

（三）形成党建工作品牌示范效应

学院党委入选第二批"全省高校党建工作标杆院系"培育创建单位。省内外多所兄弟院校前来交流学习党建工作经验,浙江农林大学、浙江师范大学、江西理工大学等党支部也建立了"党建共同体""党建聚合体"等党建工作品牌,形成示范效应。为浙江省高校系统全面推广校企地"党建共同体"模式提供了有益借鉴。

四、工作启示

高校党组织或所辖二级党组织、党支部通过同与学校有紧密产学研合作关系的行业企业、科研院所、兄弟院校、地方政府的党组织签约,结成"党建共同体",以党建为统领,以共建促自建,通过开展"理论联学""党务联建""科研联攻""人才联育""品牌联创"等,有效实现党建引领业务、党建促进发展的目标,促进"共同体"双方资源共享、优势互补、产学研用互融,有效破解高校基层党建与事业发展融合度不高的"两张皮"现象,实现党建工作与事业发展融合融通、同向同行。

打造工大—龙游食品产业共富联盟，跑出共同富裕的"加速度"

浙江工业大学食品科学与工程学院党委　孙培龙

　　浙江西部龙游县的特产小吃历史悠久、品种众多，发糕、粉干等一批地道美食形成了独具特色的龙游风味。长期以来，由于生产标准不一、产品品控不力、规模效益不足，本地食品企业进入了发展瓶颈期，食品产业带动农户共富的成效不够明显。2019年，浙江工业大学从派出驻村第一书记结对帮扶龙游县脉元村玳玳果产业开始，充分发挥人才资源优势，以校级干部带队，集成专家资源常态化帮扶共建，成立了山区26县首家生态工业创新研究院，打造了工大—龙游食品产业共富联盟，在助力龙游食品产业发展升级的主战场上，锻造出一支助力共同富裕的生力军。

一、主要做法和特色亮点

（一）筑巢引凤、四点作战，凝聚帮扶合力

围绕龙游县系统重塑生态工业体系的迫切需求，学校联合龙游县共建浙工大生态工业创新研究院，建立共富"指挥部"，采取"四点作战"的方式。3年来，先后选派8个学院的100多名干部人才参与龙游县的共富事业。专家教授"蹲点式"帮扶：院士、长江学者、国家"万人计划"领军人才等专家对接产业，提供把脉问诊和系统指导。青年师生"定点式"帮扶：对接企业，走入田间地头、厂矿车间，定点解决具体的技术难题。党员干部"挂点式"帮扶：围绕校地短期项目进行挂点帮扶，精准施策、克难攻坚。驻村书记"驻点式"帮扶：先后派出2名驻村第一书记，设计与建筑学院杨宁博士担任横山镇脉元村支部书记期间，带领村民种植玳玳果、建设居家养老中心，大幅提升村集体收入和村民幸福感。

（二）整合资源、共建共享，打造共富联盟

研究院牵头，联合浙江宗泰农业发展股份有限公司、浙江德辉食品有限公司和浙江香满亭生物科技有限公司等本地食品龙头企业，组建食品产业共富联盟。搭建专业团队，聚焦产业发展短板弱项，形成联盟资源、服务和企业需求"三张清单"，通过人才联育、技术联攻，推动产业联动。整合科研力量，与龙游县共建校企研发中心11个，与当地企业签订横向项目20余项，向龙游县开放免费使用技术专利46

项，建立全周期全链条的成果转化、技术服务体系，相关合作项目荣获中国轻工业联合会科学技术奖一等奖等 5 个奖项。引育优秀人才，研究院立足政策扶持、产业引导、组织化推动，力图打造建设龙游经济社会发展的人才蓄水池，加大培养地方干部人才力度，先后承办"龙游县生态工业专题研修班""龙游县青年干部培训班"等，变"输血"为"造血"。

（三）重塑标准、数字赋能，加速产业蝶变

研究院整合学校食品科学、营养健康、智能智造等 7 个科研团队，系统构建龙游食品行业标准体系。整合工业设计、环境设计、视觉传达设计等专业力量，量身打造龙游食品公共品牌，提升全县农产品附加值和品牌效应，构建了集运营服务、人才培养、品牌管理、技术创新于一体的"CSA 龙游模式"。组织计算机科学、食品科学、工商管理等学科人才，联合开发建设"食光寻味"共富联盟数字平台，严选龙游名特优食品上线，并组建运营团队，协助对接杭州市各社区服务中心和邻里中心等设立线下品牌门店，构建起订单模式下的仓储、运输等供应链体系，实现从"田间"直达餐桌。

二、工作成效

（一）搭建强村富民"共富桥"

近年来，为助力龙游高质量发展，研究院累计投入科技帮扶资金和获批引入各类科技项目经费 3873.9 万元，受益企业 17 个。最早开展结对帮扶的龙游县脉元村村集体收入从 2019 年的 27 万元，提高到 2021 年的 157 万元，增长近 5 倍。

（二）绘就食品产业"同心圆"

坚持联盟联建，指导解决一大批食品企业的现实难题。针对浙江宗泰农业发展股份有限公司"龙游飞鸡"养殖推广难题，研究院指导企业在全国建立 1700 个飞鸡养殖基地，带动四川、新疆等地的 3500 余户贫困户脱贫，户均年收入增长 1.5 万元。2021 年该公司年销售额达 4000 多万元。

（三）驶入共富发展"快车道"

校地共建综合性、开放式、高能级生态工业创新研究院，重点打造食品产业联盟，并逐步在新型材料、安全环保等产业开展全面的产学研合作，成功助力龙游县入选全省高质量发展建设共同富裕示范区首批试点和第二批低碳试点县。

（2023 年入选浙江省高校校企地党建联建典型案例、2022 年入选浙江省高校干部人才助力山区 26 县高质量发展创新案例）

"校园石榴籽驿站"助推高校民族团结进步

浙江工业大学人文学院党委　姚利权

2014 年，习近平总书记在第二次中央新疆工作座谈会上，提出各民族要相互了解、相互尊重、相互包容、相互欣赏、相互学习、相互帮助，像石榴籽那样紧紧抱在一起。2022 年，习近平总书记在参加十三届全国人大五次会议内蒙古代表团审议时强调，要紧紧抓住铸牢中华民族共同体意识这条主线，促进各民族在中华民族大家庭中像石榴籽一样紧紧抱在一起，共同建设伟大祖国。

基于此背景，杭州市西湖区转塘街道党工委以传播茶文化、非遗文化等的民族团结进步活动和助推民族地区脱贫攻坚为内容，以"书香茶香民族香"铸牢中华民族共同体意识为目标，依托杭州梅龙茶文化有限公司，与浙江工业大学、浙江大学城市学院等高校共同打造"转塘·石榴籽家园"（2020 年 5 月成立），并将其作为展现"重要窗口"、头雁风采的民族团结进步平台，打造西湖风景线。"转塘·石榴籽家园"开展的各类民族团结活动多次被中央统战网、"学习强国"平台以及省市各级多家权威媒体宣传报道，并成功立为国家民委 2020 年全国民族团结进步创建重点扶持项目。其是浙江省唯一的立项单位。

截至 2024 年 4 月，浙江工业大学人文学院有少数民族学生 127 人（其中研究生 8 人，本科生 119 人），占人文学院学生总数的 8.84%，主要涉及维吾尔族、藏族、苗族、回族等 18 个民族；少数民族学生党员共 9 人，入党积极分子 12 人，两者占少数民族学生总人数的 16.54%。作为打造建设"转塘·石榴籽家园"的主要力量，2020 年 12 月，在西湖区委统战部和转塘街道党工委支持下，浙江工业大学人文学院建立了第二个"校园石榴籽驿站"。2021 年 9 月，人文学院广告学专业学生党支部成为杭州"石榴籽党建联盟"首批成员单位（全市仅 14 家）。2021 年 11 月，人文学院入选浙江省第一批铸牢中华民族共同体意识研究基地（全省仅 14 家）。

一、主要做法

（一）基本思路

学院以党建为引领，调动多方力量，积极推进民族文化传播及民族团结工作，具体可以用"1、2、3"来概括。"1"是指建立一个核心，"共绘同心圆，同传民族香"，实现"校园石榴籽驿站"与"转塘·石榴籽家园"、杭州"石榴籽党建联盟"、浙江省铸牢中华民族共同体意识研究基地的共建、共享、共创、共荣；"2"是指两大特色，指结合专业理论研究及实践教学、融入大学生的创新创业研究及实践活动；"3"是指三项基础，即学院党委指导、学院四大专业支撑、外围企业及行业协会协助。

（二）特色做法

结合专业理论及实践教学。在理论教学中，将"转塘·石榴籽家园"及"校园石榴籽驿站"的案例植入"公共关系学"课程，将民族团结进步共荣的种子撒向青年学子。该课程是人文学院大类学科基础限选课，覆盖全院所有专业及 80% 以上少数民族学生，由浙江省"万名好党员"、广告学系主任姚利权老师主讲。该课程被评为 2020 年度浙江省线上线下混合式一流课程，录制的线上慕课课程在智慧树、"学习强国"、学银在线等平台上线，已有全国 20 余所高校、5000 余名师生选用。在实践教学中，组织学生撰写、设计《用茶的语言讲好石榴籽的故事》《五十六个民族小册子》等图文册子；由学生策划组织"转塘·石榴籽家园"LOGO 征集活动；组织少数民族学生赴浙江省嘉兴市海宁一中，与新疆内高班高中生结对；组织"大手牵小手"暑期石榴籽公益绘画、读书会活动等。

融入大学生创新创业研究与实践活动。以石榴籽家园及驿站为依托，鼓励大学生进行社会调查，体验民族文化，感悟民族共荣精神，用创意和智慧助力民族团结进步工作。2 年多来，学生围绕民族团结进步展开的创新创业活动申报 3 个国家级和 1 个校级大学生创新创业项目、2 个"挑战杯"专项调研项目，申报 8 个校"运河杯"课外科技作品竞赛项目，形成 38 个公共关系创意策划案，并培育了"挑战杯"及"互联网＋"大学生创新创业项目。其中，少数民族学生参与率达 30% 以上。

二、亮点成效

2022 年 5 月，学院党委申报的"'校园石榴籽驿站'的实践与探索"获评校特色党建品牌项目，"石榴籽·畲乡艺——创意推动公益，助力民族团结志愿服务"项目获 2022 年浙江省青年志愿服务项目大赛铜奖。

融入民族团结进步精神的"公共关系学"课程被评为 2021 年浙江省课程思政优秀教学微课（全校共 6 门入选），入选第一批校课程思政教学案例集（全校共 50 个案例入选），获 2021 年校首届教师教学创新大赛课程思政微课专项赛一等奖、2021 年度校思政微课大赛一等奖。

此外，"茶合生香：'转塘·石榴籽家园'促进民族融合交流公益行动"案例荣获 2020 年"中国公关行业年度奥斯卡"——"金旗奖"的特别贡献奖；以学院牵头的"杭城美"团队代表策划的《杭州转塘民族团结活动周系列展暨石榴籽家园创建民族团结特色基地系列展方案》获得 2020 年浙江省第十届会展策划创意大赛一等奖；《"石榴籽·畲乡行"乡村会展助力乡村振兴调研报告——以浙江省景宁畲族自治县为例》获得 2021 年浙江省第十一届会展策划创意大赛一等奖；"石榴籽——少数民族文化传播先行者"项目获评 2022 年"挑战杯"和"互联网＋"校级重点培育项目。

三、经验启示

接下来，"校园石榴籽驿站"将进一步以党建为引领，联合高校专家团队力量，发挥基地智库作用，推进民族团结及民族文化传播，开展"铸牢中华民族共同体意识"主线课题研究。以浙江省铸牢中华民族共同体意识研究基地、杭州"石榴籽党建联盟"、"校园石榴籽驿站"为平台，推进校园"石榴籽"主题实践活动的开展。此外，将成立校园"56民族文化工作室"，以"工作室＋研究基地"双轮驱动模式，打造学校特色的阵地，并逐步将其培育成更高级别的民族团结基地。同时，不断丰富"校园石榴籽驿站"的品牌内涵，扩大"校园石榴籽驿站"的覆盖面和影响力，努力使"校园石榴籽驿站"品牌成为新时代高校民族工作的"金名片"。

党建引领聚合力，校地共育优质人才

浙江工业大学之江学院党委

浙江工业大学之江学院党委与绍兴市柯桥区委开展"五共五链五提升"校地融合型党建试点工作，围绕组织共建、人才共享、创新共赢、文化共涵、安全共治等内容，探索校地融合共建新路径。育人工作作为学校的中心任务，也是校地党建融合工作的重要内容，之江学院充分挖掘属地育人资源，结合学院育人目标，强化优势叠加，围绕育人队伍、育人平台与育人品牌等开展深度融合、全面合作，有效提升了学院育人成效。

一、主要做法

（一）校地共建育人队伍，携手共育优质人才

之江学院以校地党建融合为契机，深入挖掘属地育人资源和优势，把柯桥区的优秀干部、企业家、行业专家等请进学校，担任兼职班主任、校外辅导员、创业导师、心理咨询师、行业导师等，助力学院开

展新生始业教育、心理辅导、生涯规划、就业指导等育人工作，为学校育人工作注入新活力，校地合力打造育人"引擎"。之江学院设计学院聘任4名柯桥区兰亭街道优秀驻村指导员担任校外辅导员，在学院内设立校外辅导员驻校服务站，充分发挥校外辅导员的基层工作经验优势，围绕队伍建设、心理帮扶、党建学习、实践活动、就业指导等专项工作，与校内专项辅导员结对开展工作。之江学院创新创业学院与柯桥区人力资源和社会保障局共建大学生创新创业指导团队，邀请160余名企业导师进校园、进生涯课堂，开展政策宣讲、劳动权益咨询、就业技能培训、行业前沿讲座等活动。

（二）校地共建育人平台，联手共培创新人才

之江学院依托属地优质育人资源，主动对接属地街道、企业、协会等组织，联合创建实习实训基地、教学实践基地、党员教育基地等育人平台，积极探索多种校地联合育人路径，着力提升学校育人成效。之江学院借助柯桥创新研究院、大学生科创园、工业互联网学院等平台，进一步围绕企业人才需求与学院人才培养需求，校政企联合建立"知识产权产业学院""数字文旅产业学院""跨境新媒体营销产业学院"等8个共建式产业学院，开设跨境新媒体营销直播特色班、"旅悦"订单班等，创新校企地联合育人新模式。之江学院学生工作部与绍兴市中心医院签订校地党建融合医校共建合作协议，共建大学生心理健康教育中心，助力学生成长成才。之江学院教务部和柯桥区教体局牵头整合校地资源，以开展小学生课后服务为主要内容，搭建大学生实践

平台。校地还联合积极探索"课堂进乡村""竞赛进乡村""项目进乡村"等育人工作途径，着力提升学校育人成效。

（三）校地共建育人品牌，合力培养新时代人才

以校地党建融合为契机，在校地组织共建的基础上，进一步延伸特色党建品牌的内涵与作用，校地发挥各自优势和特色，联合创建育人品牌，以育人品牌建设推动人才培养，提升育人成效。之江学院人文学院深入挖掘专业优势，结合属地政府和企业的需求，引导学生将专业知识融入社会服务和地方区域治理中，培育出了"调小青""文小青""福小青""兰小青"等"小青"系列特色育人品牌。之江学院外语学院联合柯桥区钱清街道工作委员会，为企业务工人员的子女提供课后服务，先后与属地幼儿园及小学联合开展课后服务，共建"三点半课堂"育人品牌，服务社会的同时提升大学生实践能力。之江学院团委与绍兴市团市委、柯桥区团区委联合建立校地志愿者服务队，培育了"小青荷"志愿服务品牌，服务亚运会赛事、属地重大活动等，一方面高质量服务地方社会，另一方面也提升了大学生的服务技能。

二、工作成效

校地联合建强育人队伍，学院聘请近 200 名属地优秀党员干部、企业家、行业专家担任兼职班主任、校外辅导员、创业导师、心理咨询师、行业导师等，充实了学院育人队伍。校地联合建好育人平台，

围绕教学实践、实习实训、党员教育等内容，共建育人基地 49 个，丰富了学院育人途径。校地联合建优育人品牌，延伸党建品牌内涵，共建育人品牌 11 个，提升了学院育人成效。

三、案例创新点

以校地党建融合工作为统领，发挥党组织的引领力和凝聚力，聚焦育人队伍、育人平台与育人品牌，充分挖掘校地育人资源和优势，突出校地党建融合工作在资源互补与优势叠加方面的作用。属地多方参与共建育人队伍，激发了育人队伍的活力；属地多方支持创新育人平台，拓宽了育人新途径；属地多方融合深化育人品牌，提升了育人品牌的辐射力。

警校共建固堡垒　平安建设争先锋

浙江工业大学机关党委保卫处党支部

2017 年起，针对浙江工业大学多校区运行带来的服务管理效能不足等问题，为促进高质量服务师生、高效率化解矛盾纠纷、高标准处置突发事件，浙江工业大学保卫处党支部通过党建联建牵头建设实体警校共建党员服务站，协同开展安全服务、安全管理与应急处突，将保卫、交警、公安、消防等业务集成进驻服务站，探索新形势下警校共建"平安校园"与党建工作有机结合的新机制。截至 2023 年 4 月，共有 25 个党支部近千名党员入驻服务站。

一、主要做法

（一）以党建促联学，推进"联合式"学习培训

坚持"党建引领、组织共建、联学联创"，形成警校资源共享、共驻共建、优势互补的良好局面。一是推进支部联建。警校支部签订共建协议，并共同建设线上党建平台"数字党建馆"，进一步壮大支部党

建"朋友圈"，凝聚党建"新合力"。二是推进理论联学。警校支部组织开展线上线下、校内校外相结合的主题党日活动，共同打造"蓝盾学堂"平台，建立健全"周学月研"制度。三是推进业务联合。学校定期组织专题调研和业务研讨，推进业务联合，促使警校工作有效衔接、业务办理高效便捷，加强作风建设，不断提升工作质量和效能，全面统一校地平安建设的思想认识。

（二）以党建促业务，推进"融合式"机制建设

推进"以人为本、便捷优质、高效精准"的服务机制和"关口前移、协调联动、处早处小"的联处建设。一是推进一站式服务。学校坚持"数字赋能、品质服务"原则，强化智慧服务、创新服务，与公安、交警、消防共建支部，协同打造"一站式"服务。派专人入驻党员服务站，联合建立"警校联合调解室""警校联合勤务指挥中心"和"警校联合服务网厅"，配备公安、交警和消防等执法部门业务办理或安全宣教自助服务机，为师生员工提供便捷高效的服务。二是推进源头治理。完善警校联动机制，联合组织各类校园安全检查，对校园交通违规等行为进行专项整治，更专业高效地化解矛盾纠纷。三是推进联合处突。共建"警校联合勤务指挥中心"，实行警校联合巡防，落实校园里"见警察见警车见警灯"，优化联合处置，建立健全校内校外、线上线下、多警种协作的联动联处机制。

（三）以党建促育人，推进"聚合式"安全育人

通过加强安全文化建设，积极推进"以生为本、教育为先、协同育人"，打造全员、全域、全程的教育体系，助力学生成长成才。一是推进全员教育。警校联合修订了大学生安全知识教材，推进国家安全、财产安全、交通安全和消防安全教育进课堂，并将"国家安全教育"作为本科生通识必修课，实现安全教育"进教材、进课堂、进学分"。二是推进全域教育。警校支部通过"国家安全教育"课程建设、安全微课、培训演练等形式，构建和完善线上线下相结合的育人体系，不断提升学生的安全素养，助力学生成长成才。三是推进全程教育。将安全教育贯穿入学前到毕业的全过程，打造全链式教育体系。入学前，优化新生"安全第一课"建设，实现前置安全教育全覆盖；入学时，组织"警校同上一堂安全课"品牌活动，覆盖各学院本研新生；入学后，充分利用融合媒体、新技术及智能设备，广泛开展丰富多彩、内容翔实的安全宣教活动，不断提升学生的安全素养。

二、工作成效

保卫处党支部探索打造以党建为引领的警校支部共建机制，截至2023年4月，累计服务师生超19万人次，警校共建课程"国家安全教育"累计学习量超3000万人次，近3年诈骗案件数年均降幅在10%以上，从而有力构建了学校"大安全""大思政"的工作格局。联建工作

被评为浙江省"两学一做"学习教育典型案例、首批全省高校党建特色品牌，获全国高校平安校园建设典型案例三等奖，被省公安厅、教育厅在全省推广，为高校党建与业务深度融合和高校党建融入属地治理提供了"工大经验""工大样板"。

（2018 年入选首批浙江省高校党建特色品牌，
2023 年入选浙江省高校校企地党建联建典型案例）

校地党建联建，共助乡村产业振兴

浙江工业大学食品科学与工程学院营养健康教师党支部　杨开

台州市黄岩区高桥街道下浦郑村是米面生产专业村，其独特的"双蒸双炊，自然发酵"传统工艺是黄岩区非物质文化遗产。截至 2023 年 9 月，该村米面年产量达 550 万千克，年创收近 5000 万元。该村虽然建立了半机械化小微产业园，但米面生产仍呈现自动化程度低、劳动强度大、关键环节凭经验、晒干全靠天、废水随意排、环境污染重的现状。由于米面经营利润微薄，无法吸引新一代米面从业者，不仅传统工艺面临失传的局面，也制约了美丽乡村建设和共同富裕目标的实现。

2019 年 7 月，在多次走访和调研基础上，食品科学与工程学院党委和黄岩区高桥街道签订《米面振兴项目合作意向书》，浙江工业大学食品科学与工程学院营养健康教师党支部与下浦郑村党总支部签订《"党建＋"结对共建协议》，并联合我校设计与建筑学院、人文学院团队，以下浦郑村米面产业升级需求为导向，围绕共筑组织基础、共解群众之困、共办实事好事、共谋校地双方发展等方面开展了一系列共建活动。

一、主要做法

（一）党建引领，围绕名优特产业

结对 3 年来，营养健康教师党支部协助下浦郑村制定了《台州市农业特色产业小镇——高桥米面产业小镇建设规划及实施方案》。该方案先后通过黄岩区和台州市立项评审，共同打造高桥米面特色农业小镇。开展了一系列米面产业化帮扶工作：实施"五化"战略合作，即产品标准化、技术现代化、设备自动化、管理规范化、经营规模化，推动下浦郑米面产业发展；共同实施"三个一工程"，即建设省内第一套米面自动化生产线、制定第一个浙江米面标准、打造全国第一个米面小镇。目前，已开发试制七彩米面新产品 6 个，申请国家发明专利 1 件。米面自动化工厂一期于 2024 年 3 月建成投产。

（二）政府搭台，多学院联袂唱戏

营养健康教师党支部和设计与建筑学院、人文学院的相关团队实施横向联动，与高桥街道及下浦郑村开展纵向协作，高质量赋能米面产业转型升级，突破关键阶段。为配套米面小镇文旅产业发展，设计与建筑学院切实开展了美丽乡村、数字乡村和米面品牌建设。人文学院对下浦郑村的人文历史进行了挖掘，有力吸引游客并进一步丰富和延伸米面文化。在 3 个学院的合力帮扶下，下浦郑村作为台州市农业特色产业小镇"米面小镇"，以米面生产加工为中心，向上延伸优质稻米、七彩果蔬种植，向下开拓电子商务、文化旅游，实现米面产业链的发展。

（三）理论宣讲，深入人心推发展

为了顺利实施本项目，2021 年 8 月，浙江工业大学"青说青听"青年科学家理论宣讲团成员、营养健康教师党支部书记杨开和下浦郑村支部书记林保平，共同把宣讲流动车开进了下浦郑村的田间地头，立足自身专业领域，对接当地群众期盼，把理论宣讲和科技服务送到米面村，把共同富裕示范区的美好蓝图描绘给村民，有效带动了广大群众参与的积极性。

该活动被新华社和《光明日报》《科技日报》《浙江日报》等媒体聚焦报道，相关报道的累计阅读、点击量超 70 万次。依托"青说青听"青年科学家理论宣讲流动车平台，更多师生党员积极参与为群众办实事、为企业解难题的活动，更加扎实推进共建活动走深走实。

二、经验启示

（一）开展党建引领，围绕优势产业

本项目基于党建引领，在党和政府关于"美丽中国""乡村振兴""共同富裕""粮食安全"等政策文件的指导下，营养健康教师党支部联合其他学院团队，在校党委的领导下与地方开展党建共建，3 个学院结合专业优势，围绕下浦郑村的特色优势米面产业，抓住产业振兴这一乡村振兴的"牛鼻子"，切实开展"三服务"活动，合力帮扶一个村，取得了显著的经济、社会和生态效益。

（二）领导班子强，三产融合发展

营养健康教师党支部与高桥街道下浦郑村能推进全面合作，很重要的一个原因是各方领导班子强。浙江工业大学的3个学院都由书记或院长带队，不仅整合学院内部优势，而且形成多学院合力；高桥街道党工委也非常重视米面产业发展和乡村振兴，也是一把手亲自抓，组织专班对接项目，积极争取相关部门支持；而下浦郑村最近两年新上任了年富力强的村委干部，他们原先都是非常成功的企业家，"致富不忘乡里，先富带动后富"，全心全意做给群众看，带着村民干，深受全体村民信赖。

此外，仅靠第二产业的发展，还不能实现"三农"可持续发展。只有融合一产和三产产业链，村里有了现代化产业和多样化就业岗位，才能实现"农业增效、农民增收、农村增富"的高质量发展，最终推动共同富裕示范区建设。

（2023年9月入选浙江省教育厅第二届高校助力乡村振兴典型案例）

强 基 护 航

　　坚持全面从严治党，抓基础强队伍，以党的政治建设为统领，健全基层组织体系、制度体系和工作机制，全面增强高校基层党组织的生机活力，切实提升学校党建"耦合力"。

抓深做实"循迹溯源学思想促践行"，引导党员干部对标践行实干争先

浙江工业大学党委

浙江工业大学坚持跟进学与溯源学相结合，把学中思、学中讲、学中悟、学中干贯穿"循迹溯源学思想促践行"活动始终，深入挖掘好、守护好、传承好习近平总书记留给浙江的宝贵财富，努力把思想精神财富转化为锤炼党性、指导实践的强大力量。

一、追随"足迹"学思想，凝心铸魂筑牢根本

学校坚持以习近平新时代中国特色社会主义思想铸魂育人，不断健全用党的创新理论武装师生的机制，在"循迹溯源"中夯实坚定捍卫"两个确立"、坚决做到"两个维护"的思想根基。一是寻访足迹感悟学。坚持以寻促行、以访促思、以讲促学，组织开展"红色寻访"系列活动，根据习近平总书记在杭州调研走访的足迹制作"寻访地图"，建立起"边走边看、边学边讲"的理论学习新模式。师生党员

赴西溪国家湿地公园，重走习近平总书记考察西溪湿地时的路线；赴杭州党群服务中心、城市阳台，深刻感受进入"钱塘江时代"的杭州城市发展，组织引导师生党员在"循迹溯源"中感悟思想伟力，凝聚奋进力量。二是创新路径联合学。深化理论学习中心组巡听联学机制，浙江工业大学之江学院党委与杭州航海仪器厂党总支在杭州航海仪器厂专题学习《习近平关于调查研究论述摘编》。学校联合中国船舶集团七一五所、浙江省公安厅、浙江省科协等6家单位联合开展理论联学活动，120余名青年学生从学校亚运板球馆出发，沿着华东勘测院、自然资源部第二海洋研究所等4家单位开展走访调研，在理论联学、调研联动、问题联答中学思践悟习近平新时代中国特色社会主义思想在浙江的生动实践。三是健全矩阵宣讲学。打造"循迹溯源"理论宣讲矩阵，开展"红旗领读人"理论宣讲沙龙，通过"书籍推荐＋故事宣讲"的形式，深入传播习近平新时代中国特色社会主义思想。面向研究生党员，开展"理论正当午"，通过网络"思享会"、研究生"先锋宣讲团"宣讲、每日一"习"话微宣讲，深入解读习近平新时代中国特色社会主义思想。面向教师党员，打造"青说青听"青年科学家理论宣讲团，由国家级"四青人才"青年科学家领衔，持续发布宣讲短视频，深入践行习近平新时代中国特色社会主义思想，推动主题教育理论学习走实走心。

二、追寻"印迹"谋实招，忠实践行"八八战略"

学校一以贯之践行习近平总书记擘画的"八八战略"宏伟蓝图，沿着"进一步发挥浙江的块状特色产业优势，加快先进制造业基地建设，走新型工业化道路"的战略部署，充分发挥高校科技人才优势，全方位赋能浙江块状经济发展。一是紧扣"八八战略"提升政治自觉。高标准举办学习贯彻习近平新时代中国特色社会主义思想主题教育读书班，首课作"八八战略"专题学习辅导，全校中层以上党员干部系统学习"八八战略"的科学内涵、"八八战略"和习近平新时代中国特色社会主义思想的辩证关系，以及"八八战略"蕴含的深刻的世界观和丰富的方法论，引导党员领导干部切实提升领悟好、发扬好、实践好"八八战略"的思想自觉、行动自觉。二是紧扣"一号工程"深化改革创新。作为省属高校的排头兵，学校全面对标"双一流196工程"，实施"创新提档"行动，深入研究科技创新体系和先进制造产业集群建设的重大需求，在省内高校中率先发布《对接浙江省"315"科技创新体系和"415X"先进制造业集群建设工程浙江工业大学行动方案》，聘任科技智库首批咨询专家和顾问，签约企业委托千万级重大科研项目，切实提升赋能3个"一号工程"的硬实力和贡献度，形成地方高校与区域经济协同发展的"工大经验"。三是紧扣"两个先行"激活组织优势。学校全面实施"四个融合"行动，不断深化党建联建，切实将组织优势转化为发展优势。浙江工业大学之江学院联合绍兴柯桥共同推进"一刻钟共富走廊"建设，推动大学生青创基地、电商直播共富工坊等 24 个公共服务点位在街道落地，打通共促共赢通道。食品学院与衢州龙游县联研联建，针对地方发展难题，集聚教学科研人才资源，成立生态工业研究院，组建食品产业共富联盟，构建龙游农产品标准体系，健全"教授蹲点、青年教师定点、党员干部挂点、驻村书记驻点"帮扶机制，助力推动山区 26 县跨越式高质量发展。

三、追溯"心迹"践嘱托，感恩奋进建强"基地"

学校汇编学习主题教育特色书目《习近平总书记关于教育的重要论述》，引导党员干部原原本本、逐句逐段深学细悟，不断拓展理论学习的深度和广度。一是对标嘱托，主动破题。校院两级理论学习中心组重温习近平总书记给我校的建校 50 周年寄语，强调应努力将我校建设成为"各类优秀人才的培养基地和工程科学技术的研究开发基地"，深入研究制约学校事业发展的难点问题，学校领导班子成员每人牵头 1 个重点课题，各二级单位领导班子确定 1 至 2 项研究课题，明确目标、压实责任。二是下沉一线，纾困解题。牢固树立以师生为中心的发展思想，围绕"推进学生更高质量就业"，创新运行"职业推介所"，建立简历优化、岗位匹配推荐和面试技巧培训等一体化工作机制，实现企业与学生达成 100% 的对接率、40% 的初步就业意向达成率，及时回应毕业生求职意向。组织开展"访企拓岗"专项行动，共计走访 70 余家企业，开发 50 个见习基地，开设"24365"一对一咨询帮扶平台，定向帮扶 500 余名困难毕业生，聚力破解学生就业"民生大事"。三是融会贯通,高效答题。坚持把调查研究和提出对策结合起来,把发现问题和解决问题结合起来,围绕高质量服务保障杭州亚运会,学校党员干部先后前往杭州黄龙体育中心、桐庐马术中心、绍兴棒垒球体育文化中心,就测试赛演练、办赛风险排查应对、场馆软硬件建设等方面进行调研学习,坚持做到边学习、边对照、边检视、边整改,将调研梳理出的98项问题清单转化为216条成效清单。

四、追叙"事迹"建新功,接续奋斗争创一流

主题教育启动以来,学校基层党组织和师生党员持续掀起开展"循迹溯源学思想促践行"活动的热潮。一是深耕氛围强导向。充分运用新闻报道、言论评论、典型宣传等形式,学校在网页端开设"主题教育进行时"新闻专栏,深入宣传习近平总书记的重要讲话和重要指示批示精神,营造主题教育的良好氛围;在微信端开设"循迹溯源学思想促践行"等活动宣传专栏,集中展示近年来学校牢记总书记嘱托、感恩奋进、接续奋斗的实践案例,深度挖掘在学思想、促践行过程中涌现的党员干部优秀典型,强化榜样示范引领。集中宣传展播全省党员教育电视片观摩交流活动作品《探索未知 激情求解》,引导全校师生不忘科研报国初心、牢记强国使命。二是建章立制强保障。突出成果导向、强化考核的"指挥棒"作用,系统重塑党建质量评价机制和领导干部考核机制,推动党员干部履职尽责、担当作为。建好晾晒比拼机制,实施改革发展工作交流会制度,围绕发展瓶颈、改革思路、

工作举措、发展成效等方面，建立多形式、分层次、全覆盖的汇报交流机制，实现工作绩效"晾晒"常态化，切实激发党员干部干事创业的热情和动力。学校把"循迹溯源学思想促践行"活动开展情况作为评估主题教育成效的重要内容，推动活动纵深开展、取得实效。

（浙江省委组织部《时代先锋》2023 年第 5 期刊发）

学思用贯通　知信行统一
——浙江工业大学"理论铸魂"工程

浙江工业大学党委

浙江工业大学紧扣用习近平新时代中国特色社会主义思想凝心铸魂的根本任务，坚持学思用贯通、知信行统一，深入开展"理论铸魂"工程，创新用党的科学理论武装师生的工作机制，打造主题教育理论学习宣讲矩阵，构建"学中思、学中用、学中干"的学习提升闭环，扎实推动学习贯彻习近平新时代中国特色社会主义思想主题教育入脑入心。

一、建立个人自学机制，推动党员干部学细、学深、学实

主题教育启动以来，学校党委坚持把个人自学作为重点，抓实个人自学机制建设，组织党员干部编制个人自学计划，推动党员干部学精、学深、学实。坚持分层分类抓细个人自学，向全体党员干部发布"4+1"必读和"4+N"选读书单，明确研读、精读、泛读要求，提升

个人自学质量；坚持进度把关，抓深个人自学，推出主题教育个人学习计划手册，打造个性化学习"进度条"，建立党支部自学审查、进度把关等工作机制；坚持成果转化抓实个人自学，主动引导党员干部为学习感悟留空白、给重点难点留时间，立学立行，将输出学习体会作为学习成果，以改革攻坚实践成效检验学习成效。

二、"红色寻访"活动，深入开展循迹溯源学

浙江工业大学联合杭州留下街道、德清县康乾街道等社区街道党组织，组织开展"红色寻访"活动，重点寻访习近平总书记在杭州各街道调研走访的足迹、街道社区中的红色革命故事，全面落实"循迹溯源学思想促践行"的要求。活动坚持以寻促行、以访促思、以讲促学，青年师生党员"沉浸式""体验式"参与寻访研学，制作五九桥红色故事等宣讲视频 7 期，打造"边走边看、边学边讲"的红色文化育人新模式与主题教育学习成果传播链，引导师生从丰厚的红色资源中汲取精神滋养，在循迹溯源学中凝聚前行力量。

三、用科学理论武装师生，以先进思想引领师生

浙江工业大学实施"理论铸魂工程"，打造主题教育理论学习宣讲矩阵，纵深推进主题教育理论学习工作。面向大学生党员，开展"红旗领读人"理论宣讲沙龙，通过"书籍推荐＋故事宣讲"的形式，深

入传播习近平新时代中国特色社会主义思想。面向研究生党员，开展"理论正当午"，通过网络思享会、研究生"先锋宣讲团"宣讲、每日一"习"话微宣讲，深入解读习近平新时代中国特色社会主义思想。面向教师党员，打造"青说青听"青年科学家理论宣讲团，由国家级"四青人才"青年科学家领衔，持续发布宣讲短视频，深入践行习近平新时代中国特色社会主义思想。

四、专题党课"五学模式"，赋能高质量理论学习

生物工程学院党委开展专题党课五学模式，赋能高质量理论学习。一是党政班子带头学，学院党政班子开展"书记讲党课"活动，以上率下；二是师生党员引领学，教师党支部开展"午间思享会"共话思想、科研、育人，成立"激情生工"宣讲团，发动青年师生宣讲员进支部、进课堂、进实验室；三是线上线下全员学，推出"党的二十大精神"微宣讲、"生工红微课"等线上微党课，"全国高校黄大年式教师团队"教工党支部通过"院士党课"开展"生工讲堂""院士有约"等活动；四是青年学生创新学，让学习空间在基层落地生根，开展"稻田里的思政课""青年学习会"专题宣讲；五是追随足迹现场学，将课堂搬到生产线、竞赛项目上，将政治思想觉悟与专业业务能力有机融合起来。

实施"支部建设提升行动"，全面激活基层"神经末梢"

浙江工业大学党委　徐露

浙江工业大学党委以习近平新时代中国特色社会主义思想为指引，深入贯彻落实新时代党的建设总要求，牢固树立"党的一切工作到支部"的鲜明导向，推进实施"支部建设提升行动"，6个基层党支部入选教育部全国高校党建示范创建质量创优培育创建单位，全面激活基层"神经末梢"，筑好筑牢高校基层党支部为党育人、为国育才的坚强战斗堡垒。

一、画好支部建设"标准线"，激发基层党支部战斗力

加强基层党支部标准化规范化建设，强化政治功能，提升基层组织战斗力。一是优化支部设置。结合专业需求和学科特点，2008年起，学校党委在二级学院探索实施"总支建在学科上，支部设在方向上"的纵向基层党组织设置模式。十年来逐步形成"党委—学院、总支—

学科、支部—方向"的领导与执行组织体系，涵盖"纵向教工党支部、纵向师生联合党支部、纵向硕博士生党支部"三种形式，促进党建与业务深度融合，以党建引领人才培养和科学研究。二是加强支部标准化建设。严格对标《新时代高校党建"双创"工作重点任务指南（基层党支部）》和浙江省《高校基层党支部建设标准》，结合"不忘初心、牢记使命"主题教育总要求，开展党支部标准化建设达标验收暨星级评定工作，确保全校基层党组织全部达标。三是全面推行"堡垒指数"。实行支部"堡垒指数"考核管理体系，通过采取定量测评与定性评价相结合、过程测评与结果评价相结合、纪实测评与民主评议相结合等"三个相结合"的方式，构建常态化"支部党性体检"机制，保证支部健康发展。支部"堡垒指数"专题课程被高等教育管理干部培训平台和中国教育干部网络学院收录。

二、铸好组织生活"大熔炉"，激发基层党支部向心力

学校着力解决组织生活"形式化"问题，提高基层党组织生活质量，增强党内政治生活的政治性、时代性、原则性和战斗性。一是树立规矩让组织生活更"严肃"。严格落实"三会一课"制度，固定每个月第一周的周二下午为全校"主题党日活动日"，通过开展十佳主题党日活动评选，建立支部组织生活月报公示制度等，持续推进"两学一做"学习教育常态化制度化。二是搭建载体让组织生活更"实在"。在教师党支部中发起"党员教师亮身份，课堂思政一刻钟"活动，加强

学生理想信念教育。在学校机关全面实施"党性教育一刻钟"，围绕中心工作开展学习教育，以党建助推事业发展。加强校内外党支部结对共建，打造"党建共同体"，有效促进产教研学融合。三是创新形式让组织生活更"鲜活"。举办"理论正当午"思享会，每周开展线上网络思享会，每月开展线下交流分享活动，夯实党建网络教育阵地。开展研究生党支部组织生活案例大赛，汇编优秀研究生组织生活案例册并在全校研究生党支部中进行推广。

三、打造党建育人"动态链"，激发基层党支部引领力

紧紧围绕落实立德树人根本任务，强化新时代党建引领，提升育人实效。一是加强"全过程"培养教育管理。在入党启蒙阶段，实施"红色种子"培育工程，组建党政领导、研究生导师、思政教师、辅导员参与的"红色导师团"，加强党性启蒙教育。在培养阶段，打造"四年一贯"教育培训和"开放式"网上党校，广泛开展党的基本知识教育。本科生在校期间接受党校教育培训覆盖率达 90% 以上。每年举行"七一"新发展党员集体宣誓仪式，加强初心使命教育，活动得到《人民日报》《中国教育报》等媒体的报道。二是探索党员分类教育管理。针对教师党员、学生党员、行政管理岗党员、离退休党员、组织关系保留在校党员等不同党员群体，探索实施针对性教育管理举措，完善党员分类考核体系。探索"互联网＋"党建服务新模式，开发"智慧党建"App，提升党员教育管理工作智能化水平。三是深化"党员领

航工程"。在教师层面，优化党员先锋服务和党员榜样教育，开展党员教师业绩排行，健全党员作用发挥长效机制。在学生层面，为全校一、二年级本科生班级配备高年级学生"党员领航员"，加强党建带团建。"党员领航·7号室友"计划入选浙江组织系统特色工作和浙江省高校党建特色服务品牌案例。组建优秀师生党员"先锋宣讲团"，开展"红旗领读人"活动，促进党建与思想政治教育融合。

四、选好支部书记"领头雁"，激发基层党支部驱动力

深化"双带头人"培育工程，把教师党支部书记培养成为新时代高校党建和业务双融合、双促进的中坚骨干力量。一是把好选任关。在教学科研骨干中选拔"政治素质高、师生威信高、党务能力强、学术能力强"的"双高双强"教师担任党支部书记，并推选博士或副高以上职称的中青年党员教师担任支部副书记或支委，建好支部书记梯队。目前，我校教师党支部书记中博士或副教授比例达97%。二是把好培养关。加强党性教育，定期开展党建论坛，组织支部书记骨干赴井冈山、嘉兴南湖开展党性教育专题培训。编印工作手册，每月推送教师党员学习资料汇编，切实提高支部书记党务工作能力。建立支部书记校内双向挂职制度，遴选优秀教师党支部书记到党政机关、企事业单位挂职锻炼，服务地方经济社会发展。三是把好使用关。完善考核评估、激励保障机制，明确在职教职工党支部书记兼任所在单位行政副职以上职务，参加本单位决策会议，参与讨论和决定所在单位重

要工作。将教师岗位聘任、业绩津贴、奖励发放等与党支部书记工作量相挂钩，并将"双带头人"培育纳入优秀年轻干部队伍建设工作。开展校级"双带头人"教师党支部书记工作室创建工作，加强党建与教学科研有机融合，助推学校实现内涵式发展。

（2019 年入选全国高校党的建设工作会议经验交流汇编）

构建"三大指数"体系，
筑牢基层战斗堡垒

浙江工业大学党委组织部　王海贵

浙江工业大学坚持大抓基层的鲜明导向，细化二级党组织、基层党支部、党员年度任务清单。打造包括二级党组织"强基指数"、党支部"堡垒指数"和党员"先锋指数"在内的"三大指数"考核评价体系，强化分层分类考核，压实党建工作责任，激发基层党组织战斗堡垒效能，发挥党员先锋模范作用，推进基层党建工作全面进步、全面过硬。

一、梳理任务清单，压实工作责任

全面落实高校党建工作规定和省委综合考核要求，以清单化形式厘清二级党组织主体责任，指导二级党组织科学设置基层党支部"堡垒指数"和党员"先锋指数"，引导基层党组织、党员精准发力。"强基指数"聚焦强化二级党组织主体责任落实，建立党委部门齐抓共管的"大党建"工作格局，重点考核二级党组织书记带头谋划党建工作，落实基层党建、干部人才、宣传思想、党风廉政、统一战线和群众团体等工作情况。"堡垒指数"聚焦推动党支部党建工作标准化建设和党建事业融合发展，重点考核党支部在落实"七个有力"方面的标准化举措和在推动学院改革发展、服务师生、凝聚人心和促进和谐中的作用。"先锋指数"聚焦党员教育管理和先锋模范作用发挥，按照党员分类管理的要求细化教学科研型党员、管理服务型党员、学生党员、离退休党员和组织关系保留在校党员的考核要求，分类激发先锋模范作用。

二、坚持闭环管理，抓好结果应用

用好考核"指挥棒"，坚持管过程和管结果并重，实现考核评价工作的全链条闭环管理，着力营造干事兴业的浓厚氛围。迭代优化指标体系。根据中央及省委的决策部署，年初动态调整具体考核指标，精准推动年度重点目标任务落实，提升考核指标对工作的导向作用。设置减分项，将校内常态化检查结果纳入考核，对完成质量不高、规定动作有缺失的指标进行扣分。优化考核反馈机制。健全经常性指导推动机制，将党组织存在的问题纳入校内巡察、全面从严治党责任制检查、党建交叉检查等检查内容，强化闭环整改。建立"强基指数"定期通报机制，推动党建工作抓在经常、严在日常，实现以考促改、以考促干。强化考核结果运用。坚持将"强基指数""堡垒指数"和"先锋指数"分别纳入党组织书记抓基层党建、意识形态和人才工作述职评议、基层党支部书记年终述职评议、党员民主评议。将考核结果与干部选任、激励约束相结合，将党组织书记评议考核结果作为领导班子和领导干部年度考核以及干部选拔任用、评先评优、意识形态工作专项考评的重要依据。在民主评议中被评定为"优秀"等级的党员可参评优秀共产党员和优秀党务工作者。

三、聚焦数字赋能，提升考核质效

学校坚持以数字化思维赋能党的建设，开发"强基指数"管理系统，运用数字化手段提升考核工作质效、赋能基层治理。助力基层减负。"强基指数"管理系统将5项一级指标和108项二级指标整合进考评系统，通过"即传即评"和职能部门年末赋分模式，实现在线赋分和动态化管理，用户可通过手机"钉钉"App直接完成会议、活动记录录入，将考核做在平时，减少二级党组织和职能部门年末工作量。提升管理质效。将上级部门对基层党建、宣传思想、干部人才、党风廉政、统一战线和群团工作等的分散考核要求整合到数字化考评系统中，有效避免多头考核、重复考核；通过筛选查看不同模块二级党组织工作进展，实现进度可监测、质效可衡量，便于职能部门及时发现问题，分析问题，对二级党组织及时提醒反馈，确保规定动作落实到位。强化赛马比拼。学校研制《二级党组织书记抓基层党建、人才和意识形态工作述职评议考核办法》，按照"强基指数"50%、述职评议50%进行计分，根据规定动作完成情况适当调整"强基指数"占比。"强基指数"评价结果不带入年末现场述职评议，现场述职评议重点看二级党组织书记抓党建推动事业发展的办法是否有效、机制是否有创新性，将考核重点聚焦到以党建推动事业发展上来，以事业发展的成效体现党建工作的成色。

"三个力"推动新时代高校机关党建 "走在前、作表率"

浙江工业大学机关党委 　周必彧　王志军

党的十八大以来，以习近平同志为核心的党中央高度重视机关党的建设，做出一系列重要部署，推动机关党的建设取得显著成效。新时代高校机关党的建设应以《中国共产党党和国家机关基层组织工作条例》为遵循，始终以政治建设为统领，不断增强 "四个意识"、坚定 "四个自信"、做到 "两个维护"，在助力高校坚持党的全面领导、落实立德树人根本任务、推进改革事业发展中发挥示范引领作用。

一、全面提升政治领导力，在 "两个维护" 上 "走在前、作表率"

政治方向要明。高校机关必须旗帜鲜明地讲政治，在坚持党的教育方针，坚守 "为党育人、为国育才" 的初心使命，落实立德树人根本任务上作表率，特别是要把习近平总书记关于教育的重要论述贯彻落实到位，做到学思用贯通、知信行合一。

政治定力要稳。面对世界百年未有之大变局和错综复杂的国内外形势，高校机关党委要在坚持党对高校的全面领导上作表率，不断提高政治上的敏锐性和鉴别力，明辨是非与真伪，严守纪律与规矩，自觉与党的基本理论、基本路线、基本方略对标对表，始终做到对党忠诚。

政治能力要硬。高校机关党委要善于从政治上去思考，去谋划，去推动工作，主动响应上级号召，主动回应师生期盼。要自觉坚定政治信仰，加强政治历练，积累政治经验，不断增进政治智慧。

政治担当要强。高校机关党委要增强对党负责、对师生群众负责的使命感，增强"时不我待、只争朝夕"的紧迫感，以"功成不必在我"的精神境界和"功成必定有我"的使命担当，不折不扣贯彻落实好各项工作。

二、全面提升思想引领力，在学思践悟上"走在前、作表率"

坚定理想信念。高校机关党委要成为践行马克思主义的"模范生"，主动用马克思主义基本理论和马克思主义中国化最新成果武装头脑，掌握马克思主义立场、观点、方法，坚定理想信念，筑牢信仰之基。

强化理论武装。高校机关党委要成为学懂弄通做实习近平新时代中国特色社会主义思想的"先行者"，结合高等教育发展形势、学校中心工作和自身工作实际，自觉主动学、及时跟进学、联系实际学、笃信笃行学，加强党委理论学习中心组、党支部书记读书会、机关青年理论学习小组等学习载体构建，切实做到理论认同、政治认同和情感认同。

发挥育人功能。高校机关委要成为宣传党的科学理论的"排头兵"，通过机关微党课宣讲、机关党支部与二级学院学生党支部结对共建、选派机关干部教师担任"第二班主任"等举措，主动参与思想政治工作，在发挥高校机关党委育人功能的过程中，推进党的创新理论成果在师生中走深走心走实。

三、全面提升群众组织力，在凝聚师生上"走在前、作表率"

培育机关文化。高校机关党委要将高效严谨、服务师生、创先争优的工作作风凝聚为机关文化，将文化"软实力"转变为推动机关建设的"硬力量"。搭建"机关午间谈"等学习交流平台，加强机关各部门、直属单位、研究机构之间的沟通交流。建强机关职员队伍，分层次、分类别组织机关职员培训进修，提高机关管理服务水平。加强对机关群团工作的指导，丰富文化体育活动。扎实做好新时代机关统战工作，健全机关大统战工作机制，发挥好党外干部的优势和建言献策作用。

加强人文关怀。高校机关党委要做教职工的"贴心人"，全面准确把握机关教职工特点和发展需求，做好对机关困难教职工的关怀帮扶工作，不断完善"教职工有困难找支部"的帮扶机制。加强机关职员队伍的职业发展，增强机关职员的获得感、归属感、幸福感。

宣传先进典型。高校机关党委要利用好"两微一端"和门户网站等渠道，对先进党支部、优秀党员、优秀党务工作者、先进教职工等示范典型进行宣传展示，努力实现高校机关党的建设全面进步、全面优秀、全面过硬。

（《浙江共产党员》2020 年 11 月第 11 期刊发）

科学构建"党性体检"指标体系
精准增强"基层党建"工作体质

浙江工业大学化学工程学院党委

浙江工业大学化学工程学院党委从 2015 年起，积极探索、科学构建"基于高校中心任务的基层党支部堡垒指数评价与激励"体系，通过科学有效的评价，引导强化基层党支部建设，为学院各项事业的科学发展夯实组织基础。

一、主要做法

（一）体系设计

根据高校基层党支部的工作职责和主要任务，通过专家访谈、调查研究、座谈研讨、指标试测等方法，确定了以政治建设、组织建设、作风建设、制度建设和作用发挥五大模块为主要评价内容，共设置 5 个一级指标、15 个二级指标、33 个三级指标。各二级指标权重采用德尔菲法（Delphi Method），即专家打分法制定。指标体系的设计围绕校院中心工作、聚焦支部规范化建设和堡垒作用发挥。学院对支部堡垒指数管理考核纳入学院对学科、系、所年度考核体系，与学科建设、教学、科研等工作考核并行实施。

（二）具体实施

学院党委管理考核采取定量测评与定性评价相结合、过程测评与结果评价相结合、纪实测评与民主评议相结合的方法，通过支部自评、支部互评、支部答辩、学院党委评定等程序进行。支部作用发挥指标的考核，将支部教工党员年底业绩考核、学生党员德智体综合测评结果作为考核依据。通过考核，对每个支部形成综合得分和排名、分项得分和排名。

（三）结果应用

学院党委每年对全院基层党支部进行"体检"，最终将各项指标进行综合分析，发放支部"党性体检报告"，包含体检化验单、指标曲线图、报告分析、健康等级等。学院党委负责人、学科党总支书记坐诊，对"体质健康"的支部进行表彰奖励，对"体质亚健康"的支部对症下药、开具"处方"，进行整改帮扶，并提出"复查"时限，形成常态化的"支部党性体检"机制。

二、实际效果

从调研情况来看,堡垒指数管理受到支部和党员的欢迎及认可,基层党建工作体系化、制度化、标准化、品牌化建设得到进一步加强,推动实现了"四个"更加。

(一)支部书记抓党建工作意识更强、方向更明确

堡垒指数考核体系的建立,以问题为导向,年初明确工作重点、任务目标、考核体系,细则对党支部基本工作和延展性工作在数量和质量方面均作出了具体要求,从以前对支部考核的模糊定性到现在的清晰定量,将被动要求改为主动引导与指导,并配合年底的支部自评、书记述职,促进支部书记进一步明确工作的内容、标准、要求和效果,从而实现党支部围绕中心工作从高处谋划,从实际着眼,有效落实、提升党支部工作的实效。

(二)党内政治生活更严、"三会一课"等更规范

考核体系及细则对党内政治生活及党员思想教育等工作在数量和质量方面均做出了具体要求,为达到规定的基本要求,党支部必须严格按照要求定时定期开展包括"三会一课"、每月主题党日活动、党员固定学习日、民主评议、理论学习、党员发展、党费收缴等常规工作,并通过台账、总结等相关记录验证所开展工作的内容及质量。通过考核,增强了党支部基本工作的规范性、严肃性和制度性,进一步强化

了党支部和党员的组织观念，同时学院党委、基层党支部也做出了一些探索与尝试，让党内政治生活、党员思想教育更有实效。

（三）师生党员党的意识更强、围绕中心工作发挥作用更突出

堡垒指数考核将党组织作用发挥与实际工作结合，对接教师业绩考核体系和学生德智体综合评价体系，对基层党支部、师生党员在人才培养、科学研究、社会服务、文化传承与创新等方面作用的发挥也提出了具体要求。党员要做出表率、做出成绩。年终对学校学院工作取得的各项成绩，从工作效果和各学科工作情况对党员所占的比例进行纵向和横向比对，以此评价党支部引领和带动作用的发挥水平。从实际测评数据来看，堡垒指数管理排名靠前的支部，在人才培养、科研、社会服务等方面的综合评价也同样表现突出，真正实现党建强、发展强。

（四）基层党支部更有活力、党建声音更响亮

通过明确目标、提出要求、技术支持和年终考核的方式，促进党支部进一步拓宽工作思路和平台；同时，各党支部结合考核结果，挖掘支部特色，提炼支部文化，积极建立支部品牌项目，真正做到"一部一品"。2018年，学院党委25个党支部实现全部立项（10个重点项目，15个培育项目）。而且在考核评价体系中，专门设有支部活力建设考核项目，这有利于发挥支部的主观能动性，在党建工作中不断创新，更有活力。各支部结合高校工作特点，从以德育人、师生互动、科研

传承与创新、学科文化建设、团队凝聚力建设等方面入手，开展一系列富有创新性的工作，丰富工作载体和形式，为学科发展营造良好的外部氛围，助推党政工作和谐共进。学院连续13年开展的"支部建设创新"活动，也让支部的吸引力和凝聚力得到进一步增强，学院成为学生真正的"党员之家"。

三、特色亮点分析

通过科学化探索构建、组织实施"基于高校中心任务的基层党支部堡垒指数评价与激励"体系，各支部的亮点与特色更加突出，差距与短板更加明确，基层党建工作体系化、制度化、标准化、品牌化建设得到进一步加强；基层党支部主动从高处谋划，让党建工作化"虚"为"实"、由"软"变"硬"，使党建工作真正"融入中心、进入管理、发挥作用"。

（2019年入选第二批全国党建工作标杆院系）

"1512"党建模式增强基层组织政治功能

浙江工业大学机械工程学院党委　郑洁　潘柏松　林洁

为深入推进全面管党治党，浙江工业大学党委鼓励基层党组织创新党建工作，强化基层党组织政治功能。学校机械学院党委探索实施"1512"党建工作模式，坚持党建工作与事业发展一体谋划、一体推进，有力提升了基层组织力，进一步增强了学院党委的政治功能，为学院事业发展提供了坚强政治保证。

一、主要做法

"1512"基层党建工作模式："1"是明确一个中心，即党建引领事业高质量发展；"5"是抓好五大建设，即政治建设、班子建设、思想建设、组织建设、制度建设；"1"是做好一个谋划，即围绕创新与融合做好战略谋划；"2"是发挥两个作用，即发挥基层党组织战斗堡垒作用和师生党员先锋模范作用。

（一）党建引领：把握一个中心

深刻认识新时代高校党建内涵，遵循高校基层党建规律，既要筑牢基层基础，又要强化党建引领，构建党建引领事业发展的中心。夯实党建工作基础。严格落实"第一议题"制度，完善党委会、党政联席会议事决策制度，把落实"三会一课"、组织生活会作为强基筑基的抓手，以扎实有效的基层党建工作凝聚队伍、建强队伍、提升能力。抓实党建引领事业。必须不断强化基层组织的政治功能，坚持为党育人、为国育才的初心使命，坚决落实立德树人根本任务，将党的建设贯穿人才培养、科学研究、社会服务、文化创新等各方面、各环节，实现抓党建、带全局、促发展。

（二）强基铸魂：推进"五大建设"

打铁还需自身硬，机械学院党委坚持从党的建设上下功夫，提升党委领导能力和水平。一是强化政治建设。坚持旗帜鲜明讲政治，切实提升党组织的政治判断力、政治领悟力、政治执行力，不断强化二级党组织的政治功能，为贯彻落实立德树人根本任务提供政治保障。二是强化班子建设。选优配强二级党组织领导班子，不断提高领导班子思想政治素质，不断优化班子结构，大力培养和造就高素质专业化干部人才队伍，为学院事业发展注入源源不断的动力。三是强化思想建设。坚持用习近平新时代中国特色社会主义思想武装头脑，推动习近平新时代中国特色社会主义思想进学术、进学科、进课堂。创新巡听联学机制，通过党建联学共谋学校、企业、地方高质量融合发展。四是强化组织建设。按照"教工党支部建在学科上、党小组建在研究团队上，研究生党支部建在纵向团队上，本科生党支部建在专业上"，创新组织建制。加强基层党组织标准化建设，推行党支部"堡垒指数"考核体系，不断深化党支部争先创优。设立党委组织员、宣传员、纪检员"三员两岗"，深化支部书记"双带头人"工程，选优配强基层党务干部队伍。五是强化制度建设。深化体制机制改革，推进"创新团队和绩效导向"的人事制度、"重大项目和成果导向"的科研制度、"立德树人和学习产出导向"的教学制度等体制机制改革，充分激发学科、团队和教师的干劲与活力。

（三）创新赋能：做好一个"党建＋"谋划

紧扣"十四五"战略发展目标，聚焦事业发展面临的新形势新问题，学院党委坚持从党建角度谋划工作，依托"党建＋"不断创新内容、制度、载体、模式，实现创新赋能。全面开展"党建＋"攻坚行动，围绕重大成果培育、产教融合推进、升学质量提升、导学文化建设等重大任务，师生党支部主动"揭榜挂帅"开展项目式攻坚，在破解事业发展难题中不断提升基层组织力和战斗力，将基层党组织的政治优势和组织优势进一步转化为发展优势和发展动能。

（四）担当作为：发挥两个作用

坚持"一名党员就是一面旗帜，一个支部就是一座堡垒"，全面激发基层生机和活力。一是发挥党员先锋模范作用。实施党员领航工程，建立学生党员领航员制度，选拔优秀的高年级学生党员作为新生班级一对一的党员领航员，将党员领航、朋辈教育贯穿学生成长成才全过程。党员师生主动投身志愿服务、科研攻关、疫情防控等工作。二是发挥基层组织战斗堡垒作用。实施"组织力提升计划"，深化基层党组织争先创优，推动基层党支部同与所属学院有紧密产学研合作的龙头企业、科研院所、地方政府等单位党组织结成校企地"党建共同体"，推进理论联学、科研联攻、人才联育，取得了显著成效。学院有2个党支部入选浙江省高校"双创"培育创建单位，1个教师团队入选"浙江省首批高校黄大年式教师团队"。

二、经验启示

高校基层组织的政治功能不仅要体现在组织建设上，而且要体现在基层事业发展的第一线，要注重从基层组织政治作用发挥的视角考虑工作、推动工作。"1512"基层党建工作模式，提供了增强高校基层组织政治功能的"高校样板""工大经验"。一是突出基层基础。政治功能的发挥取决于基层党务工作的质量和水平，要充分抓好基础工作，把党的工作融入每项事业中，把党的纪律体现到抓班子带队伍上。二是突出系统谋划。要坚持党员意识、党建意识，从党的事业谋划发展，从党的领导谋划事业，扎实推进党建引领事业发展。三是突出争先进位。党的队伍、组织的先进性是在比学赶帮超的过程中体现出来的，要不断搭建"赛马平台",推动党员和党支部争先进位。

（2020 年入选第二批全国党建工作标杆院系）

实施"六大行动"，打造"三品"党建

浙江工业大学之江学院党委

浙江工业大学之江学院党委坚持以习近平新时代中国特色社会主义思想为指引，制订党建工作"十三五"规划，围绕"品质党建、品牌党建和品位党建"目标，实施"六大行动"，全力抓好党建基础工作，着力构建基层组织坚实、制度规范科学、党员素质增强、品牌效应凸显的大党建工作格局，"实施'六大行动'，打造'三品'党建"入选浙江省党建特色品牌。

一、主要做法

（一）强化引领，抓好"品质党建"

实施思想引领、舆论引导及基层组织规范建设行动。开展"五个一"工程探索，加强政治引领，全力推进党的十九大精神学习宣传全覆盖。一是成立党员干部组成的宣讲团，做到宣讲工作"横向到边，纵向到底"；二是联合浙江日报报业集团绍兴分社在浙江新闻客户端推出"我在之江读报告"专题平台,原汁原味读报告;三是成立大学生研习会,推进习近平新时代中国特色社会主义思想入脑入心;四是建立专题网站,开展"不忘初心、牢记使命,做好学生引路人"等主题教育活动,通过网站展示形成比学氛围;五是送下乡活动,师生党员形式多样地将党的十九大精神送到地方的机关、企业、街道和乡村文化礼堂。学院以"四有"党支部建设为抓手,着力发挥党支部堡垒作用和党员先锋作用,牢牢把握意识形态工作领导权。

(二)聚焦重点,抓好"品牌党建"

制定党建工作责任清单,实施党建特色品牌创建行动。编制学院党委书记责任清单、问题清单和领办项目清单,二级党总支目标责任清单,切实担起党组织负责人职责。党委高度重视党建品牌创建,从2013年开始,先后开展"基层党建示范点""党建特色品牌"评选,有8个基层党支部获得相应荣誉称号,其中3个获得"校级基层党建示范点";"360导学管家:探索党员互助帮扶长效机制"获评全省高校党建特色服务品牌案例:1个基层党支部入选"全国党建工作样板支部";"让思政教育活起来"入选全国民办高校党建优秀案例,1个党建项目入选浙江省党建特色品牌。积极开展党支部书记党建强、学术强的"双带头人"培育,打造样板党支部。2016年11月起,学院推进思政课程课堂教学改革,实施现代书院制、导师制,搭建思政教育工作新平台。学院开展"党员培养实践(志愿服务)岗"创建活动,设置党员培养实践岗200余个。学院推进基层党团组织"活力提升"工程,发挥基层党团组织的战斗堡垒作用和学生党团员的先锋模范作用，每年组织志愿服务活动 260 余次，4500 余名学生志愿者先后完成志愿者工作时间超 2.3 万小时，服务 8.5 万人次。志愿服务已经形成"一院一品"，学院"花儿团队"曾获浙江省暑期社会实践优秀团队，走上中国梦想秀舞台；"花儿行动助力残障儿童"项目曾获全国青年志愿服务项目大赛银奖、浙江省金奖，凸显了学院品牌党建的新风尚。挖掘优秀教师、学生中的先进典型，开展党员 24 个瞬间风采展，选树"最受师生喜爱的书记""先锋学子"，传递青春正能量，争做最美之江人。

（三）突出责任，打造"品位党建"

实施党员干部和党外人才能力素质提升及作风建设常态化行动。积极构建学院党委、二级党总支、党支部三级管理模式，形成党委抓总支，总支抓支部，支部抓党员，一级抓一级的有序格局。学院以常态化管理构建队伍建设的长效机制，不断完善干部选拔任用机制、考核评价机制、激励奖励机制和容错纠错机制，注重干部的教育培训，不定期组织开展干部轮训，出台中层干部和后备干部挂职机制，严格中层干部管理实施办法，完善"三会一课"的具体要求，使干部在学院事业发展中更好地发挥"中流砥柱"的作用。学院党委切实加强师德师风建设，召开全校育人工作会议，制定出台《教职工纪律处分办法》《中层干部组织处理办法》等规章制度，开展"清廉之江"建设，把清白、廉洁、正直、奉献作为教师队伍建设的重要标准，全面营造清正教风，不断壮大"言传身教"的正能量。学院还注重高层次人才的党建和思想政治工作，通过"之江高端人才集聚计划""早湖英才培养计划""梦湖双师双能倍增计划"，形成了较为完整的党管人才工作体系。学院党委还组织开展"最多跑一次"效能建设，完善"1890"24小时服务热线，开设"之江云"服务大厅；党委书记已开展"书记有约"30多期，解决问题200余个，提高了师生满意度。

二、主要成效

学院党委按照新时代党的建设总要求，推动基层党组织建设全面进步、全面过硬，突出"品质、品牌、品位""三品"党建。学院党委曾获"浙江省先进基层党组织"，多次获评"浙江工业大学先进基层党组织"，学院工会获评"全国优秀工会小家"，学院团委多次获评浙江省"先进团委"，党委书记获评浙江省教育系统优秀党务工作者、浙江省"千名好书记"、浙江省优秀党务工作者等荣誉称号。项目实施以来，学院1个基层党支部入选"全国党建工作样板支部"，"让思政教育活起来"入选全国民办高校党建优秀案例，"实施'六大行动'，打造'三品'党建"入选浙江省党建特色品牌。

学院在获得全国、省级、校级众多荣誉的同时，实现了"七个有力"——教育党员有力，政治功能突显；管理党员有力，先锋作用突显；组织师生有力，党建良性发展；监督党员有力，工作有章可循；宣传工作有力，弘扬主旋律有方；凝聚师生有力，强化价值引领；服务师生有力，解决困难有效。为高校党建提供了一条可借鉴、可复制、可推广的"之江党建经验"。

（2018年入选首批浙江省高校党建特色品牌）

党建引领，课程思政发力，筑牢意识形态前沿阵地

浙江工业大学药学院中药研究所师生联合党支部

高校是意识形态工作的前沿阵地。要发挥组织优势，使党建引领、课程思政、意识形态三者协同联动，通过"课程思政"站稳课堂主阵地，加强师生的意识形态认同维护，实现高校立德树人根本任务。

浙江工业大学药学院中药研究所师生联合党支部以提升基层党支部组织力为着力点，在扎实做深、做实"七个有力"基础上，"守好一段渠、种好责任田"，探索构建"党建＋课程思政＋意识形态"联动机制，打造"课程思政"育人样板，突出"在药学学科知识的传授中强化信仰塑造和价值引领，在信仰塑造和价值传播中贯通药学底蕴"的思维理念，实现了意识形态教育深嵌内融。

一、联动机制强激发，协同"思政＋"

构建一体化模式。以提升基层党支部组织力为着力点，发挥原有

优势（支部教工党员占中药系教工总人数的 94.7%，教授党员在教工党员中的比例超过 46.0%），支部构建了"党支部—中药系—研究所"一体化建设模式，实现了支部建设与科研教学相融合、基层教学组织与研究所科研组织建制统一，逐步形成了"党建强、文化强、育人强"的工作模式。创新"三会联动"模式——涵盖学科会议、教学系会议与党支部会议，进一步激发基层党组织战斗堡垒作用，实现意识形态教育功能。

探索"党建＋课程思政＋意识形态"联动机制。支部以制度建设为抓手，落实党支部书记"双带头人"制度，创新试行"研究所所长负责下的党政联席会议制度"，实施中药学专业"课程思政"建设、教学系"课程思政"组织实施等各项制度，制定实施"课程思政育人指数"评价体系，并将课程思政建设工作纳入支部意识形态、党风廉政建设和党内监督三大主体清单，打通高校"三全育人"的"最后一公里"。

二、党建引领强支撑，融通"思政点"

党建联建专业共建，发挥课程思政育人功能。支部引导教师党员发挥模范带头作用，对"中药学"等专业核心课程率先进行课程思政教学内容与方法的改革创新。以马克思主义为指导，以增强中医药文化自信、培育医药职业素养为目标，贯彻落实"专业主线穿到底"，推动建立了党支部引领下的专业核心课程思政建设思路，绘制了党建引领下的课程思政地图，努力做到政治性和学理性、价值性和知识性、理论性和实践性相统一，实现了"课程思政"在中药学专业培养过程中的全覆盖，实现了"课程思政"向"专业思政"的升级。

党建同思政互融，提升专业教学树人作用。支部结合专业特色，以弘扬中医药传统文化为核心，创办支部党建电子期刊《百草园》，把课程思政作为专题学习内容纳入支部理论学习计划，探索实行"组会思政一刻钟""领航导师＋德育导师"等制度，将思想价值引领贯穿支部党员教育、论文选题、科研立项、教学改革等工作，将社会主义核心价值观培育践行贯穿师生专业课实践教学、社会实践活动、创新创业教育、志愿服务等全过程，增强思想引领和价值观塑造的实效性，形成"意识形态教育＋课程思政教学"完整的闭环式育人链条。

三、话语体系深融合，提升"强自信"

守好第一课堂主阵地。支部积极引导教工党员始终牢记为党育人、为国育才的使命，以马克思主义为指导，立足中医药文化内涵，加强中医药思维教学，将学术话语、政治话语、教学话语和生活话语通过课堂教学实践进行有机融合，形成既具有中药学特色又具有思想引领和价值教育作用的话语体系，打造精品案例，贯穿中药学专业课程教学全过程。"仁和精诚"的中医药文化、"神农尝百草与临床试验"、"葛洪与诺贝尔奖"、"扁鹊与治未病"等生动案例在课堂上入脑入心，深受学生喜爱。

抓牢专业实践教育环节。支部依托百草园实践育人样板，构建"强理论、重实践、促交流"的"三元式"培养体系，在专业实践教学中积极嵌入思政元素。支部走访余杭抗日战争纪念馆、新四军随军被服厂，辨识在抗日战争中常用的中草药，发掘中草药中的党史故事，开展"沉浸式"党史教育；共建胡庆余堂中药博物馆等校外"课程思政"实践基地，走进耕心草堂，直面"戒欺"横匾；组织天目山野外采集实习，感受传统中药的魅力。让学生制作中草药香囊和防疫茶饮，并发放给抗疫一线工作人员。

"党建＋课程思政＋意识形态"的联动机制，真正让课程思政实现全学科、全覆盖地与意识形态教育同频共振，实现课程思政与意识形态教育入脑入心。浙江工业大学药学院中药系现已实现"思政内涵融入每一门专业课程的全覆盖"与"每一位专业教师参与课程思政的全覆盖"，"中医药与中华传统文化"课程被评为浙江省首届课程思政教学研讨会示范课程，获评2021年省级课程思政建设项目；学院教师近两年主持校级以上课程思政教改课题12项，其中省级课程思政教改课题2项，发表相关研究论文3篇。中药系被评为校级优秀基层教学组织，中药学专业获评浙江省一流本科专业建设点，并被推荐申报国家级一流本科专业建设点。培养的学生近两年递交入党申请书的比例高达93%，涌现出一大批包括浙江省军营大学生战士符伟良在内的优秀毕业生，打造了一批有特色的"百草园"研学空间、"红药匙"红医精神社会实践队等育人工作品牌，育人成果显著。

（2020年入选第二批全国党建工作样板支部）

后　记

　　本书由浙江省普通高校党建研究专业委员会和浙江工业大学党委组织部组织编写。本书主编由金晓明担任，副主编由余昶、朱李楠、林洁担任，编委由严圆格、曹颖、王海贵、徐露、朱恺、林珍珍、邱君媛、郎黄燕、王丹婷、冯剑、林怡臻、庞旭方、黄一岚、陈亭烨、陈姝颐、郑洁、阙霄、李强、陈洋洋、官馨馨、赵利娜、陶进、黄琼、冯艳、朱丽娟、刘新月、李帮彬、李赛、应丰蔚、俞文娴、俞泱、谢春萌担任。

　　本书顾问何智蕴、肖瑞峰、胡伟、曹仁清、陈建孟、郑春晔、胡军、郑仁朝、王志军、何作井、孙航等专家为本书编写提供了宝贵意见建议。学校各二级学院党组织在案例征集、整理、试读等方面给予了大力支持。在此，一并表示衷心感谢。

　　限于知识与工作的局限性，本书虽在出版前已做详细修改，但难免尚有不足之处，欢迎广大读者批评指正。